_____학교 ____학년 ____반 _____의 책이에요.

신나는 교과 체험학습 ⑪

민주주의를 향한 외침이 서려 있는 곳 민주화 현장

초판 1쇄 발행 | 2007. 4. 10.
개정 3판 8쇄 발행 | 2023. 11. 10.

글 손민호 **| 그림** 박기종 임양

발행처 김영사 **| 발행인** 고세규
등록번호 제 406-2003-036호 **| 등록일자** 1979. 5. 17.
주소 경기도 파주시 문발로 197(우-10881)
전화 마케팅부 031-955-3100 | 편집부 031-955-3113~20 | 팩스 031-955-3111

값은 표지에 있습니다.
ISBN 978-89-349-8435-1 64000
ISBN 978-89-349-8306-4 (세트)

좋은 독자가 좋은 책을 만듭니다. 김영사는 독자 여러분의 의견에 항상 귀 기울이고 있습니다.
전자우편 book@gimmyoung.com | 홈페이지 www.gimmyoungjr.com

어린이제품 안전특별법에 의한 표시사항

제품명 도서 제조년월일 2023년 11월 10일 제조사명 김영사 주소 10881 경기도 파주시 문발로 197
전화번호 031-955-3100 제조국명 대한민국 ⚠주의 책 모서리에 찍히거나 책장에 베이지 않게 조심하세요.

민주주의를 향한 외침이 서려 있는 곳

민주화 현장

글 손민호 그림 박기종 임양

주니어김영사

차례

민주화 현장에 가기 전에

미리 준비하세요

1. 준비물 사진기, 수첩과 연필, 《민주화 현장》 책, 지하철 노선도

   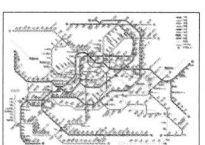

미리 알아 두세요

• 답사 계획을 꼼꼼하게 세우고 떠나자!

이 책에서 소개하는 장소는 근처에 사는 사람들도 잘 모르는 경우가 많아요. 여러 장소를 두루 소개하고 있어서 답사를 떠나기 전에 위치와 교통편을 정확히 알고 계획을 꼼꼼하게 세워 출발해야 해요. 그래야 현장에서 우왕좌왕하거나 당황하지 않아요.

• 경건한 마음으로 체험 활동을 해 보세요.

현장에 도착하면 친구들과 장난치며 큰 소리로 떠들지 말고 경건한 마음을 가져야 해요. 당시의 역사적 상황을 상상하면서 민주화를 위해 노력하다 목숨을 잃은 분들의 명복을 빌고, 감사하는 시간을 가져 보세요.

민주화 현장에 가고 싶나요?

교과서에 나오는 민주주의 체험학습을 하고 싶다면, 민주화운동기념사업회의 홈페이지에 방문해 보아요. 앞으로 우리 나라를 이끌어 갈 어린이들을 위한 민주주의 체험학습 프로그램에 참가할 수 있답니다. 민주주의 정신를 배울 수 있는 이 체험학습은 학기 중에는 단체(학교)만 신청할 수 있지만 방학 때에는 개인 신청도 받는다고 해요.

홈페이지 www.kdemo.or.kr

전화 031-361-9500

민주화 현장은요…….

　여러분한테는 '민주화 운동' 이라는 말이 낯설 거예요. 하지만 여러분의 할아버지와 할머니나 부모님, 삼촌, 이모, 고모만 해도 젊은 시절을 기억할 때 절대 빼놓을 수 없는 중요한 말이지요. 무슨 말인지 잘 이해가 되지 않고 민주화 운동이 무엇인지도 모르겠다고요? 그럼, 선생님 말에 귀 기울여 보세요.

　한반도가 일본으로부터 독립을 한 뒤 남한과 북한으로 나뉘었다는 것은 이미 알고 있지요? 이 책에서는 남한의 민주화 운동에 대해서만 이야기할게요. 남한은 독립한 뒤에 오랜 시간 동안 몇몇 정치가들과 군인들이 권력을 쥐고 흔들었어요. 독재자들은 자기 스스로 대표 자리에 오르고는 국민을 무시하고, 온갖 부정과 비리를 저질렀어요.

　이렇게 독재자들이 권력을 휘두르는 것을 막고, 그들의 잘못을 밝혀내기 위해 많은 사람들이 여러 활동을 벌였는데, 이것을 통틀어 '민주화 운동' 이라고 해요. 그래서 우리 나라의 현대사를 흔히 '민주화 운동의 역사' 라고 하지요. 민주화를 위해 많은 사람들이 고난과 희생을 겪었거든요. 만약 그분들이 없었다면 우리들은 아직도 독재권력 아래에서 신음하고 있을지도 몰라요.

　자, 이제 민주화를 위한 우리 국민들의 노력이 살아 숨쉬는 역사의 현장으로 같이 가도록 해요.

한눈에 보는 민주화 현장

서울 시내에는 우리 나라가 민주화를 이뤄내는 과정들과 관련된 장소들이 많이 있어요.

그 가운데 우리가 함께 돌아볼 곳만도 열 곳이 넘지요.

어떻게 그 많은 곳을 모두 다니냐고요? 그러니까 '민주화 현장 지도'를 보면서

미리 답사 계획을 세워 봐요. 좋은 생각이죠?

경복궁

서대문 형무소
(35쪽)

4·19 혁명 도서관
(19쪽)

경운궁(덕수궁)

연세대학교

서울역

이한열 기념관
(44쪽)

한강

효창원

박정희 흉상
(25쪽)

문래공원

국회의사당

4 · 19 국립 묘지
(20쪽)

창경궁

이화장
(10쪽)

창덕궁

고려대학교

일본대사관

옛 서울대 문리대 터
(27쪽)

고려 대학교 4 · 18기념관
(15쪽)

종묘

평화시장

청계천
전태일 열사 동상
(33쪽)

청계천

시청

명동 성당
(46쪽)

서울유스호스텔

례문

서울타워

울역 광장
(41쪽)

경찰청 인권보호센터
(45쪽)

추천 코스

✌ **하나, 이승만 정권 관련 코스**

이화장 → 고려대학교(4 · 19 기념관과 기념탑)
→ 4 · 19혁명기념 도서관 → 4 · 19 국립 묘지

✌ **둘, 박정희 정권 관련 코스**

서대문 형무소 → 일본 대사관(수요일에 가면 좋아요.)
→ 전태일 열사 동상(현장 체험학습을 마치고 나서 청계천을
산책하는 것도 좋겠지요?)

✌ **셋, 전두환 정권 관련 코스**

이한열 기념관 → 경찰청 인권보호센터 → 명동 성당

참혹한 전쟁과
독재에 저항한 나날들!

1945년 우리 나라가 드디어 일본에게서 독립했다는 것, 모두 알고 있지요? 나라 잃은 설움과 모진 핍박 속에서 맞이한 독립은 민족 모두의 오랜 염원이었어요. 하지만 독립의 기쁨은 잠시였어요. 일제 강점기 때보다 훨씬 답답한 현실이 우리를 기다리고 있었거든요. 우리 힘이 아닌 강대국에 의해 이루어진 독립이었기 때문에 우리 나라는 또 다시 강대국의 지배를 받게 되었어요. 한반도 38선을 기준으로 북쪽은 소련이, 남쪽은 미국이 다스리게 되었지요. 소련과 미국은 한반도에 자기 나라 이익에 유리한 정부가 세워지기를 바라면서 힘겨루기를 했어요. 결국 우리 나라는 하나로 된 국가를 이루지 못하고, 북쪽에는 조선민주주의인민공화국(북한)이, 남쪽에는 대한민국(남한)이 세워졌지요. 그리고 각각 김일성과 이승만이 대표로 선출되었답니다.

그 뒤, 한반도는 순탄하지 않은 역사의 길을 걷지요. 북한과 남한이 서로를 인정하지 못하고, 상대를 헐뜯고 비난하다가 결국 한국전쟁이 일어났어요. 같은 민족끼리 총부리를 겨누었던 이 전쟁 때문에 한반도는 황폐해졌고, 남한과 북한은 서로 의심하고 더욱 미워하게 되었어요. 더욱이 북한과 남한 정부는 자신의 정권에 반대하는 세력에게 간첩 누명을 씌워 해치기 일쑤였고, 독재 체제를 만들어서 장기 집권의 길로 나아가지요.

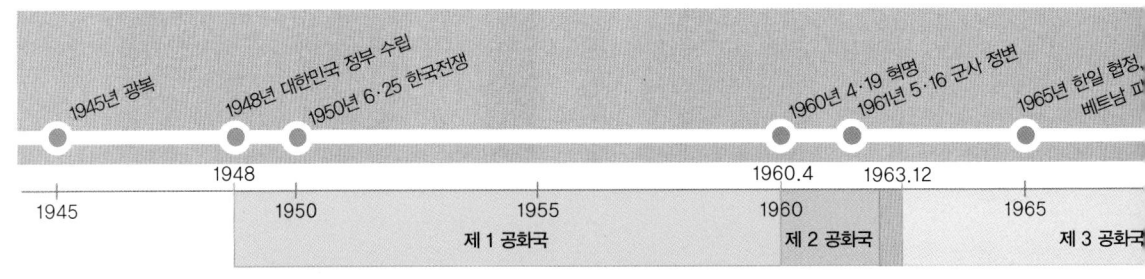

1945년 광복

1948년 대한민국 정부 수립

1950년 6·25 한국전쟁

1960년 4·19 혁명

1961년 5·16 군사 정변

1965년 한일 협정, 베트남 파

1945	1948	1950	1955	1960.4	1960	1963.12	1965

제 1 공화국 제 2 공화국 제 3 공화국

한국전쟁 뒤 이승만은 두 번만 맡을 수 있는 대통령의 자리를 '발췌 개헌'이나, '4사 5입' 같은 부정한 방법으로 독점하려고 했고, 결국 여러 가지 부정 선거를 통해 대통령에 당선되는 등 민주주의에 대한 국민들의 열망을 무시했어요.

또한 박정희를 비롯한 군인들이 무력으로 정권을 차지하고, 국민을 탄압하면서 3선 개헌, 유신 체제, 긴급 조치 등을 동원해서 평생 대통령 자리에 앉아 있으려 했어요. 하지만 박정희의 권력 욕심은 박정희 정권의 2인자에 의해 막을 내립니다. 뒤이어 전두환이 박정희와 같은 방법으로 군인의 무력을 동원해 대통령 자리를 차지하고는 국민의 자유와 권리를 억압합니다.

그러나 개인의 자유를 억압하고 제한하는 독재 체제는 자유와 평등을 열망하는 국민들의 노력과 열정으로 무너졌지요. 남한은 4·19 혁명과 5·18 민주화 운동, 6·10 항쟁 등의 사건을 통해 독재를 무너뜨렸어요. 민주화를 이루려는 국민들의 노력이 드디어 열매를 맺게 되어 이제 우리 나라는 독재 정치는 꿈도 꿀 수 없는 시대가 되었지요. 하지만 북한은 여전히 김일성의 아들, 김정일이 대를 물린 집권으로 독재 체제를 유지하고 있답니다.

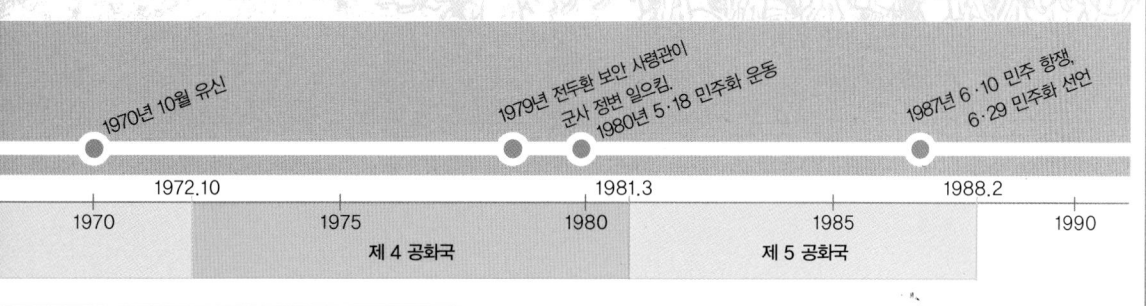

1970년 10월 유신

1979년 전두환 보안 사령관이
군사 정변 일으킴.
1980년 5·18 민주화 운동

1987년 6·10 민주 항쟁,
6·29 민주화 선언

1972.10	1981.3	1988.2

1970	1975	1980	1985	1990
	제 4 공화국		제 5 공화국	

4·19 혁명의
발자취를 따라서

이승만은 대한민국 최초의 대통령으로, 우리 나라 현대사에서 중요한 부분을 차지하는 인물이에요. 대한민국 건국 초기에 이승만이 했던 모든 일은 긍정적이든 부정적이든 현재 우리 나라의 역사에 많은 영향을 끼쳤지요. 그중 우리 나라의 민주화 발전을 늦추었다는 점은 다른 무엇보다도 큰 실수였지요. 옷을 입을 때, 첫 단추를 잘못 꿰면 나머지 단추마저도 잘못 꿰어지듯 민주화 역사의 시계를 거꾸로 돌아가게 한 첫 번째 장본인인 셈이지요.

자, 우리 역사에서 이렇게 중요한 인물과 관련된 현장을 그냥 지나칠 순 없겠죠? 함께 눈으로 보고 느껴보자고요. 출발!

3·15 마산의거

4·19 국립묘지

초대 대통령, 이승만

✏ 초대
차례로 이어 나가는 자리나 지위에서 그 첫 번째에 해당하는 차례.

✏ 임기
임무를 맡아보는 일정한 기간.

여러분은 우리 나라 **초대** 대통령이 누구인지 알고 있나요? 바로 이승만이에요. 당시에는 대통령을 어떻게 뽑았을까요? 그리고 지금과는 어떻게 달랐을까요?

지금은 대통령을 뽑을 때 만 19세 이상 국민들이 직접 투표를 해서 뽑아요. 이것을 '직선제'라고 하지요. 하지만 초대 대통령 이승만은 국민이 아닌 국회의원들이 뽑았어요. 이것을 '간선제'라고 해요. 그리고 당시에는 4년 **임기**에, 두 번까지 연이어 대통령을 할 수 있었어요. 초대 국회의원 가운데에는 정부 수립에 의지가 강한 이승만을 따르던 사람들이 많았기 때문에 이승만이 손쉽게 대통령으로 당선될 수 있었지요. 하지만 두 번째에도 대통령이 될 가능성은 없었어요. 한

우리 나라에서 가장 처음 치러진 선거는 무엇일까요?

우리 나라 역사상 가장 처음 치러진 선거는 초대 국회의원들을 뽑는 것이었어요. 때문에 국민들의 관심이 뜨거웠지요. 하지만 아쉽게도 당시 한반도는 북한과 남한으로 분단될 위기에 처해 있었어요. 국민들이 각각 소련과 미국의 사상을 지지하는 두 파로 나뉘어 있었기 때문이에요. 이런 이유로 남한만의 단독 선거에 반대하는 인사들이 후보에 나오지 않기도 했어요. 대표적인 사람이 김구 같은 분이지요. 그래서 이승만을 지지하는 사람들이 국회의원에 많이 당선될 수 있었어요.

4호선 혜화역 2번 출구 이화동사무소 근처에 있어요.

이화장
우리 나라 초대 대통령 이승만 부부가 8·15 광복 이후부터 살던 곳으로, 지금은 '이승만 기념관'으로 사용되고 있어요. 이화장 안에는 1988년 대한민국 건국 40주년 기념으로 만든 이승만 동상이 있어요. 방문하고 싶다면, 반드시 전화 예약해야 해요. (02)762-3171

국전쟁을 거치면서 허약한 지도력을 보였던 이승만을 지지하는 국회의원 수가 이전보다 적어졌거든요. 그러자 이승만은 국회의원들을 자기 편으로 만들기 위해서 **부정**한 방법을 **동원**했어요. 땃벌떼, 백골단, 민중 자결단이라는 이상한 조직을 만들어서 자신을 반대하는 국회의원들을 괴롭혔지요. 그러고는 국회의원들을 협박해서 간선제로 대통령을 뽑도록 되어 있는 법을 국민들이 직접 대통령을 뽑는 직선제로 바꾸게 했어요.

✎ **부정**
올바르지 않거나 옳지 못함.

✎ **동원**
어떤 목적을 달성하기 위해 사람이나 물건을 집중함.

직선제와 간선제, 뭐가 달라요?

대통령을 뽑는 방법에는 직선제와 간선제가 있어요. 직선제는 국민들이 대통령을 직접 뽑는 제도예요.

반면, 간선제는 간접적으로 선거를 한다는 뜻인데, 보통 국회의원들이 대통령을 뽑아요.

독재를 위한 개헌과 부정 선거

✏️ **편법**
간편하고 손쉬운 방법.

✏️ **4사 5입**
반올림의 원칙으로, 4는 버리고 5는 반올림한다는 뜻.

헌법은 어떻게 바뀌나요?

우리 나라 헌법 개정은 국회나 대통령이 개정안을 발의하고, 국회의 의결과 국민 투표를 거쳐 확정하게끔 되어 있어요. 국회를 통과하려면 전체 국회의원 중에 3분의2 이상이 찬성해야 하지요. 국회를 통과하게 되면 30일 이내에 국민들에게 의견을 묻기 위해 국민 투표를 하게 되는데, 국회의원 선거를 할 수 있는 사람 중에 절반 이상이 투표를 해서 그 가운데 절반 이상이 찬성을 해면 헌법 개정이 이루어진답니다.

이승만은 편법과 부당한 방법을 통해 대한민국의 두 번째 대통령 자리에 오릅니다. 하지만 여기서 그치지 않고 "초대 대통령에 한해서는 계속할 수 있다."라고 헌법을 고쳐 대통령 자리를 지키려고 해요. 이 개헌안을 국회 표결에 부쳤지만 부결되지요. 이에 굴하지 않고 4사 5입하면 3분의 2가 찬성한 것이 된다는 주장을 펴고 개헌안이 통과되었음을 선포하지요. 그리고 이승만이 후보로 나온 가운데 1956년 5월 15일 제3대 대통령 선거가 치러졌습니다. 야당에서는 민주당 신익희와 조봉암이 출마했지요. 그런데 신익희가 선거 도중 사망해 이승만과 조봉암의 대결로 좁혀졌어요. 민주당은 조봉암보다는 이승만이 대통령이 되는 것을 이롭게 여겼어요. 민주당

여러가지 부정 선거

자유당은 1960년 3월 15일 제4대 대통령과 부통령을 뽑는 선거에서 온갖 부정 행위를 저지릅니다. 이승만을 대통령에 오르게 하기 위해서 최인규 내무장관이 직접 나서기까지 하지요. 어떤 부정행위를 저질렀는지 그림과 함께 알아보아요.

4할 사전투표
투표 전에 투표 용지의 40% 정도에 자유당을 찍어 투표함에 미리 넣어 두었어요.

3인조 · 5인조 투표
투표하는 사람을 3 또는 5명씩 조를 짜고 조장이 누구를 찍었는지 확인했어요.

과 이승만은 서로 사이는 좋지 않았지만 목적은 비슷했거든요. 민주당 측은 국민들에게 신익희에 대한 추모표를 이승만에게 던지라는 희한한 선거 운동을 하기도 했지요.

결국 이승만이 당선되었지만 생각보다 조봉암이 많은 지지를 얻은 결과를 보고 이승만의 자유당은 당황하기도 했어요. 국민들은 개표할 때 조봉암 표를 이승만 표로 바꾸는 부정선거가 있었다는 것을 알고 있었어요. 만약 부정선거가 아니었다면 결과가 달랐을 것이라고 생각했어요. 국민들의 마음이 이승만 대통령한테서 멀어지고 있었다는 뜻이지요. 하지만 4년 뒤 이승만은 또다시 대통령 후보로 나옵니다. 부정 선거가 치러진 것은 두말 할 것도 없지요. 이런 이승만의 권력 욕심에 국민들은 서서히 분노하게 되었어요.

> ## "투표에서 이기고 개표에서 졌다"
>
> 대통령 당선 결과가 발표되고, 조봉암은 "투표에서 이기고 개표에서 졌다."는 유명한 말을 남겨요.
> 이에 자존심이 상한 이승만은, 2년 뒤 조봉암이 평화 통일을 주장한 것이 북한에서 시킨 것이라는 누명을 씌워 사형 선고를 받게 했고, 조봉암은 그 이듬해에 사형되었어요.
> 그러나 이 사건을 2011년 1월 20일 대법원에서 다시 무죄 판결을 받았고, 조봉암은 뒤늦게나마 억울한 누명을 벗게 되었어요.

완장부대로 위협하기
자유당이라는 완장을 쓴 사람들이 투표소 근처에 서성이며 강요하는 분위기를 조성했어요.

쫓아내기
민주당 쪽 참관인을 투표소 밖으로 쫓아내기도 했어요.

투표함 바꿔치기
미리 자유당을 찍은 투표용지를 넣은 투표함과 실제 투표함을 통째로 바꿔버렸어요.

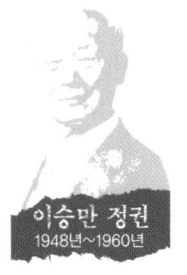

이승만 정권
1948년~1960년

민주주의를 향한 4·19혁명

이승만의 독재와 부정에 가장 먼저 반대하고 나선 것은 고려대학교 학생들이었어요. 4월 18일, 고려대 학생 3천여 명은 "빼앗긴 국민의 권리를 되찾자.", "썩은 정치 도려내자."라고 외치며 국회의사당 앞까지 행진했지요. 그런데 4월 18일 저녁, 고려대 학생들이 학교로 돌아가는 길에 깡패들에게 습격을 당해요. 수십 명의 학생들이 쇠망치 등으로 얻어맞고 쓰러졌어요. 이승만 정권은 자신에게 불만을 터뜨리는 학생들을 그냥 두지 않았어요.

4월 19일 아침, 국민들은 신문에 실린 젊은 학생들의 모습을 보고 이승만 정권에 대해 크게 분노했어요. 전국 학생들도 일제히 일어서지요. 서울대학교 문리대 학생들이 교문을 나서자 뒤이어 서울대학교 법대생 등 여러 단과 대학 학생들이 합세했고, 서울 시내 대부분의 대학생들도 시위에 참가했어요. 오후 1시경, 고교생들과 중학생들까지 시위에 참가하면서 시위대는 10만 명 이상으로 늘어났어

독재
특정한 개인, 단체, 계급, 당파 따위가 어떤 분야에서 모든 권력을 차지하여 모든 일을 독단으로 처리함.

합세
흩어져 있는 세력을 한 곳에 모음.

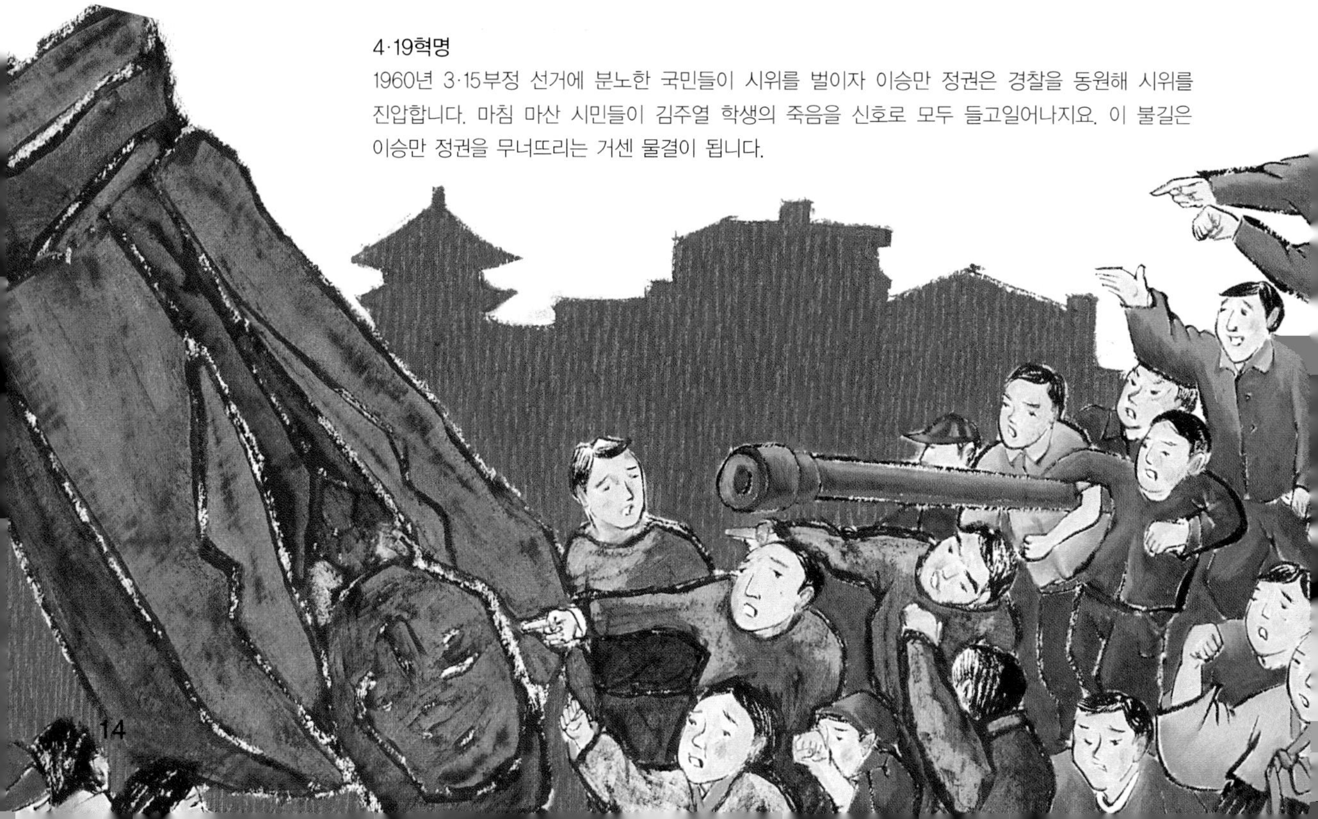

4·19혁명
1960년 3·15부정 선거에 분노한 국민들이 시위를 벌이자 이승만 정권은 경찰을 동원해 시위를 진압합니다. 마침 마산 시민들이 김주열 학생의 죽음을 신호로 모두 들고일어나지요. 이 불길은 이승만 정권을 무너뜨리는 거센 물결이 됩니다.

요. 이들은 국회의사당을 거쳐, 이승만 대통령하고 **담판**할 것을 요구하며 **경무대**로 몰려갔어요.

그러자 국민을 보호해야 할 경찰들이 시위대를 향해 총을 쏘기 시작했어요. 그 때부터 한밤중까지 서울 곳곳에서 국민들은 피를 흘리며 쓰러졌지요. 이러한 상황은 지방도 마찬가지였어요.

수십만 명의 학생과 시민들은 "이승만 정권 **타도**!"를 외치며 시위

담판
서로 맞선 관계에 있는 쌍방이 의논하여 옳고 그름을 판단함.

경무대
지금의 청와대.

타도
어떤 세력이나 대상을 쳐서 거꾸러뜨림.

4 · 18 기념관
4·19 혁명의 발단이 된 4·18 고대 학생들의 시위를 기리기 위해 고려대학교 안에 세웠어요. 혁명 배경, 전개 과정, 의의 등을 상영하는 영상 세미나실, 당시 상황을 재현한 인형들이 전시되어 있어요.

5호선 안암역 2번 출구
고려대학교 내에 있어요.

4 · 18 기념탑
4·18기념탑은 고려대학교 본관 바로 옆에 있어요. 많은 학생들의 시위 참여를 기념해 만든 탑이랍니다.

를 벌이기 시작했어요. 이제 시위는 민주주의를 실현하려는 혁명의 불길이 되고 있었습니다.

'피의 화요일'이라 불리는 4월 19일, 선량한 학생 115명이 숨지고 727명이 다쳤어요. 학생과 시민들의 분노는 걷잡을 수 없이 커졌지요. 시위대는 정부 기관지인 서울신문사와 반공회관, 경찰서 등을 불지르고 부정선거를 규탄했어요. 이렇게 민주주의를 향한 국민들의 열망은 많은 사람들의 희생에도 불구하고 걷잡을 수 없는 불길이 되어 타올랐어요.

✏️ 규탄
잘못이나 옳지 못한 일을 잡아 내어 따지고 나무람.

> 아! 슬퍼요
> 아침 하늘이 밝아 오면은 달음박질 소리가 들려옵니다.
> 저녁노을이 사라질 때면 탕탕탕탕 총소리가 들려옵니다.
> 아침 하늘과 저녁노을을 오빠와 언니들은 피로 물들였어요.
>
> 오빠와 언니들은 책가방을 안고서 왜 총에 맞았나요.
> 도둑질을 하였나요, 강도질을 하였나요.
> 무슨 나쁜 짓을 하였기에 점심도 안 먹고 저녁도 안 먹고
> 말없이 쓰러졌나요 자꾸만 자꾸만 눈물이 납니다.
>
> -〈오빠와 언니는 왜 총에 맞았나요〉 가운데 한 부분
> 　서울 수송초등학교 5학년 강명희 양이 1960년 4월 19일에 쓴 시

빈 칸을 채워라!
여기서 잠깐!

다음은 고려대학교에 있는 4·18기념탑에 새겨져 있는 글이랍니다. 빈 칸을 채워 보세요.

〈(①)! 너 영원한 활화산이여!〉

사악과 불의에 항거하여
압제의 사슬을 끊고
분노의 불길을 터트린
아! 1960년 4월 18일!
천지를 뒤흔든 (②)의
함성을 새겨
그날의 분화구 여기에
돌을 세운다.

| 보기 | 평등, 자유, 진리, 정의, 민주, 혁명 |

① (　　　　　　) ② (　　　　　　)

☞ 정답은 56쪽에

4·19혁명의 불길을 일으킨 작은 불씨, 3·15 마산의거

1960년 제4대 대통령 선거를 치르기 보름 전 일요일, 이승만 정권은 학생들이 다른 후보의 유세에 가지 못하도록 학생들을 등교하게 했어요. 학생들은 "학원을 정치 도구화하지 말라."라는 구호 등을 외치며 거리로 나서지요. 선거 당일에는 부정 선거를 폭로하며 시위를 벌였지요. 그런데 이 시위에서 경찰이 학생들을 향해 총을 쏴 8명이 죽고 80여 명이 부상을 당하는 일이 일어납니다.

그 날 밤, 마산에서는 마산 상업고등학교 1학년에 다니던 김주열 학생이 실종되었어요. 김주열 학생 어머니는 경찰서로, 관공서로, 신문사로 뛰어다니며 아들의 행방을 수소문했고, 마산 시민들에게도 이 사건이 널리 알려졌어요. 그런데 그로부터 약 한 달 뒤인 4월 11일 아침, 눈에 최루탄을 맞고 사망한 김주열 학생의 시신이 마산 앞바다에 참혹한 모습으로 떠오릅니다. 마산 시민들의 분노는 폭발했고, 대규모 시위로 이어졌지요. 이 시위에서 시민 2명이 생명을 잃고 말지요.

하지만 정부는 마산 시민들의 분노를 빨갱이가 조종한 것으로 몰고 갔어요. 대통령까지 이 시위가 공산당이 조종한 것이라는 특별담화를 발표하지요. 이것을 본 국민들은 이승만 정권에 대한 분노와 실망을 4·19혁명의 뜨거운 불길로 터뜨렸어요.

마산의거
김주열 학생의 시신이 발견되자 분노한 마산 시민들이 거리로 나섰어요.

독재자의 초라한 최후

✏️ **통제**
일정한 방침이나 목적에 따라 행위를 제한하거나 제약함.

✏️ **명사**
세상에 널리 알려진 사람.

✏️ **생필품**
일상 생활에 반드시 있어야 할 물품.

✏️ **원조**
물품이나 돈 따위로 도와 줌.

4·19혁명에도 불구하고 이승만은 반성할 줄 몰랐어요. 오히려 '계엄령'을 내리고 군대 힘을 이용해서 국민들을 통제하지요. 하지만 무력 앞에서도 국민들의 저항은 수그러들지 않았어요. 혁명 며칠 뒤인 4월 25일에는 대학 교수들까지 "학생들의 피에 보답하라." 며 시위에 참여했지요. 사회 명사들과 지식인들까지 시위에 나서자 시위 군중들은 더욱 늘어갔어요.

4월 26일, 이승만 정권의 2인자 이기붕 집이 망가지고, 탑골 공원에 있던 이승만 동상이 시민들에 의해 끌어내려졌어요. 이승만의 시대가 끝나가고 있다는 것이 드러나고 있었지요.

이렇게 되자 미국 대사 매카리니가 이승만을 찾아가 대통령 자리에서 물러날 것을 제안해요. 당시 이승만 정권은 곡식과 같은 생필품을 미국에서 원조를 받는 등 미국에 의존을 많이 하던 상태였기

여기서 잠깐!

4·19혁명 연표를 만들어 보자!

4·19혁명 도서관 1층에는 4·19혁명 사진 전시실이 있어요. 4·19혁명이 일어나게 된 까닭과 과정, 그리고 결과가 다양한 사진과 여러 작가의 시, 4·19혁명에 참가했던 학생들의 글로 자세히 정리되어 있답니다. 그 자료를 참고해 4·19혁명 연표를 만들어 보세요.

4·19혁명 연표

1960년 3월 15일 ➡ 1960년 4월 18일 ➡ 1960년 4월19일 ➡ 1960년 4월 26일
(①) (②) (③) (④)

보기 고대 학생시위, 마산의거, 이승만 대통령 사퇴, 4·19혁명

☞정답은 56쪽에

때문에 미국의 의견을 무시할 수가 없었어요.

오후 1시, 이승만은 더 이상 어쩔 수 없는 것을 인정하고 방송을 통해 "국민이 원한다면 물러나겠다."고 말했어요. 드디어 '피의 화요일'을 '승리의 화요일'로 바꾸게 되었어요.

"민주주의 만세! 우리가 이겼다!"

국민들은 기쁨의 눈물을 흘리며 서로를 얼싸안았습니다. 국민들의 힘으로 독재를 물리치고 민주주의를 거머쥔 순간이었지요.

계엄령

계엄령을 대통령이 공공질서를 유지할 목적으로 선포하는 것이에요. 계엄령이 선포된 동안에는 헌법이 잠시 중지되고 대통령의 명령으로 사회가 움직이지요. 또 경찰이 아니라 총을 든 군인들이 치안을 담당해요. 따라서 평상시라면 국민들의 개혁 요구는 알맞은 절차에 따라 검토되거나 받아들여지지만, 계엄령 중에는 대통령이 말 한 마디로 거절할 수도 있고, 군인을 이용해서 폭력을 행사할 수도 있어요. 때문에 시위대로서는 계엄령 선포에 분노할 수밖에 없었지요.

4·19혁명기념도서관이 된 이기붕의 집

4·19혁명기념도서관은 이기붕이 살던 집터에 만든 것이에요. 이기붕은 이승만 정권의 2인자로서 당시 권력을 쥐고 흔들었을 뿐만 아니라 부정부패를 일으킨 장본인이라고 할 수 있어요. 하루에 20~30명이 이기붕을 찾아와 뇌물을 주고 갔을 정도니까요. 하지만 4·19혁명으로 이승만이 대통령 자리에서 물러나고 미국으로 망명할 것을 결심하자, 스스로 목숨을 끊지요. 이승만이 정권을 잡고 있던 동안, 온갖 부귀영화와 권력을 누리던 사람이었지만 그 결말은 비참했습니다. 4·19혁명 후에 국가는 이기붕이 갖고 있던 재산을 모두 빼앗아서 4·19혁명 유족회에 기증하고, 도서관으로 만들었어요. 4·19혁명의 이념을 계승해서 관련 자료를 보존하고 후세에 길이 전달하기 위해서지요.

4·19혁명기념도서관

5호선 서대문역 4번 출구 강북성심병원 방면에 있어요.

하와이로 떠나는 이승만에 관한 신문 기사

4·19혁명의 의미

세계 역사 속에서 혁명이라 불리우는 사건은 신석기 혁명, 산업 혁명, 프랑스 혁명 등이 있어요. 혁명은 삶의 조건이나 살아남기 위한 방법이 갑작스럽게 발전한 것을 의미하는 경우도 있고, 인간의 존엄성이 급격하게 성장한 시기를 가리키기도 해요. 또, 정치 체제가 갑자기 발전한 때라고도 할 수 있지요.

이런 의미에서 보았을 때 우리 나라에서 누구나 혁명이라 부르고 인정할 수 있는 사건으로 단연 4·19혁명을 손꼽아요. 그만큼 4·19혁명은 우리 역사에서 중요한 사건이지요.

4·19 혁명이 의미 있는 것은 애초 구체적인 목적을 가지고 시작한 싸움도 아니고, 어떤 조직에 의해 이루어진 것도 아니라는 점이에

> 4호선 수유역 2·6번 출구로 나와서 국립 4·19 민주묘지행 버스를 타요.

국립 4 · 19민주묘지
우리 나라 민주화를 위해 4·19혁명에 참가했다가 희생된 분들을 모셔 놓은 곳이에요. 현장에는 기념관 및 민주주의를 나타내는 조각상이 있답니다. 어린이와 청소년들이 독재와 불의에 항거했던 4·19혁명의 정신을 계승하고 민주주의를 느끼고 배울 수 있는 곳이지요. 홈페이지 (http://419mpva.go.kr) 에서 개방 시간과 관람 안내를 확인하고 찾아가 보세요.

요. 정의감을 가진 학생들의 항거가 발전하면서 독재 정권까지 바꾸는 커다란 역사적 사건이 된 것이지요. 다시 말해 우리 역사상 처음으로 국민들이 정치적 주인공이 된, 즉 민주주의를 실현한 사건이에요. 그래서 더욱 가치 있고, '한국의 시민 혁명'이라 불리울 수 있는 거예요.

4월 학생혁명 기념탑

어떤 학자는 지금도 4·19혁명이 계속되고 있다고 말해요. 아직도 우리 사회에 비민주적인 면들이 남아 있기 때문이지요. 하지만 민주화를 위한 국민들의 노력이 계속된다면, 비민주적인 것들은 곧 없어질 거예요. 4·19혁명으로 국민의 열망이 완전히 실현된 것은 아니니까요. 그럼, 이승만 이후 시대로 넘어가 볼까요?

국립 4·19민주묘지 유영봉안소

여기서 **잠깐!**

가상인터뷰를 해보자.

라디오를 통해 "국민이 원한다면 물러나겠다."는 이승만의 방송을 들은 국민들의 마음은 어땠을까요? 1960년 4월에 살았던 학생, 시민, 국회의원 중 한 사람을 선택해 가상인터뷰를 해 보세요.

빠른 경제 발전 뒤에
가려진 독재 정치

　　우리 나라 현대사에서 박정희 대통령만큼 평가가 엇갈리는 인물은 매우 드물지요. 한쪽에서는 우리 나라가 물질적으로 풍족하게 살 수 있도록 기틀을 마련한 '경제 대통령'이라는 평가를 하지요. 반면, 다른 쪽에서는 우리 나라 역사에서 유례 없는 탄압과 억압으로 국민들의 몸과 정신을 통제했던 독재자라는 부정적인 평가가 있어요. 여러분은 어떻게 생각하나요.

　　자, 이제부터 박정희 정권 시절에 있었던 일에 대해 알아보도록 해요. 그러고 나서 각자 나름대로 박정희 대통령에 대한 평가를 내려보아요.

5·16 군사 정변의 주역

서대문 형무소 역사관

5·16 군사 정변

독재 이승만이 물러났으니 이제 민주적인 정권이 들어섰냐고요? 불행하게도 그렇지 못했답니다. 이승만이 물러난 뒤 정권을 차지한 것은 민주당이었어요. 시민들은 민주당에 반대하며 또다시 거리로 뛰쳐나오지 않을 수 없었지요. 민주당은 본래 일본으로부터 독립 당시 **지주**와 **자본가**들이 만든 한민당이었어요. 한민당은 내세울 인물이 없었기 때문에 국민들에게 인기가 있던 이승만이 필요했고, 이승만은 자신이 몸담을 조직이 필요했지요. 이렇게 한민당과 이승만은 손을 잡았어요. 하지만 이승만이 대통령이 된 뒤 권력을 혼자 차지하자, 한민당은 민주당으로 갈라져 나왔지요. 그러니 시민들이 이승만과 뿌리가 같은 민주당을 환영할 리 없지요.

"**친일파**를 처벌하라!"

"평화 통일 이룩하자!"

"부정부패 청산하자!"

🖊 **지주**
토지의 소유자.

🖊 **자본가**
많은 돈을 빌려 주어 이자를 받거나, 그것으로 노동자를 부려 기업을 경영해 이익을 내는 사람.

🖊 **친일파**
일제 강점기에 일본을 도와 그들의 침략과 약탈을 편들었던 무리들.

5·16 군사 정변의 주인공
가운데 선글라스를 쓴 사람이 박정희. 박정희 오른쪽이 함께 군사 정변을 일으킨 차지철이에요. 박정희 정권에서 권력을 누리다가 박정희가 죽을 때 같은 장소에서 죽게 됩니다.

새로운 사회에 대한 기대가 높은 국민들은 이승만 정부 시절의 부정부패를 청산하고, 평화통일과 사회안정을 요구하기 시작했어요. 하지만 민주당 정권은 국민들의 기대에 부응하지 못하고 오히려 권력싸움으로 정치계와 사회를 불안하게 했어요. 이 틈을 타 박정희가 반란을 일으켰지요. 무력으로 정권을 장악한 박정희에 의해 국민들의 민주주의와 통일에 대한 꿈은 물거품처럼 사라졌어요.

박정희 흉상
문래 공원은 5·16 군사 정변 당시 작전과 정책이 만들어진 곳이에요. 이를 기념하기 위해 박정희 흉상이 만들어졌지만, 박정희를 반대하는 사람들에 의해 수난을 겪었어요.

박정희는 국가 최고 권력 기관인 '국가 재건 최고 회의' 의장을 맡아 여러 가지 개혁을 추진했어요. 국민들은 처음에는 양심적으로 정치를 하는 사람이 나타났다고 반겼지만 정당한 요구를 하며 시위를 했던 사람들과 박정희를 비판한 사람들이 구속되는 모습을 보면서 박정희의 실체를 알아가기 시작했어요.

국가 재건 최고 회의

국가 재건 최고 회의는 군사 정변 이후 최고 권력기구로 군림한 국가의 최고 통치 기관이에요. 당시 박정희 정권의 정책을 만들어 내는 곳이었지요. 이 기관을 박정희 정책을 진행하는 데 지장이 없는 범위 안에서만 국민의 기본적 인권을 보장하는 등 헌법의 일부 효력까지 정지시켰을 정도로 큰 힘을 가진 기구였어요. 그런 기관의 우두머리 자리에 박정희가 있었다는 것은 그가 최고의 권력을 가진 인물이었다는 것을 뜻하지요.

박정희가 펼친 사회 개혁

박정희는 권력을 이용해 자신의 이익을 챙겼던 사람들을 처벌해 국민들의 환심을 사려고 했어요. 하지만 박정희가 펼친 여러 개혁들은 흐지부지 끝나고, 깡패들 말고는 제대로 처벌받은 사람이 별로 없었답니다.

이승만 정권을 유지하는 데 앞장섰던 정치 깡패를 처벌했어요.

뇌물을 받으며, 자신의 이익을 챙긴 부패 정치인을 몰아냈어요.

이승만 정권에 뇌물을 바치고 혜택을 입은 재벌을 처벌했어요.

사치품 사용 안 하기와 경제 살리기 운동을 벌였어요.

박정희 정권
1961년~1979년

베트남 파병과 한일 회담

1963년 10월, 박정희가 제5대 대통령에 당선되었어요. 박정희 정부는 경제 성장을 위해 제1차 경제 개발 계획을 시작합니다. 하지만 경제 발전 계획을 진행하기엔 나라가 너무 가난했어요. 박정희는 돈을 마련하기 위해 베트남 전쟁 **파병**과 한일 **국교** 정상화를 계획합니다.

미국이 벌인 베트남 전쟁에 우리나라 젊은이들을 보내는 대가로 경제 개발에 필요한 기술과 **차관**을 약속받았어요. 또 파병된 군인들이 받은 월급이 국내로 보내지면 그만큼 국내 경제가 활발해지고, 베트남 전쟁에 필요한 **군수품**을 수출하거나

🖋 **파병**
군대를 파견함.

🖋 **국교**
나라와 나라 사이에 맺는 외교 관계.

🖋 **차관**
한 나라의 정부나 기업, 은행 따위가 외국 정부로부터 돈을 빌려 옴.

🖋 **군수품**
군대 유지와 전쟁 수행에 필요한 물품.

굴욕적인 한일 협정

한일 회담은 일본의 식민지 지배에 대한 사과, 약탈 문화재 반환, 군대 위안부와 강제 징용자 및 원폭 피해자에 대한 배상, 재일 동포의 정당한 법적 지위 등의 문제를 전혀 다루지 않았지요. 대신 무상 3억 달러와 정부 차관 2억 달러, 민간 상업 차관 1억 달러를 받는 조건으로 한일 협정을 체결했어요.

한일 회담 반대 시위
1964년 5월, 서울 시내 대학생들이 한일 회담 반대 시위를 열고 민족적 민주주의를 반대했어요.

베트남 건설 사업 등에 참여해 돈을 벌어들일 계획을 세운 거지요.

또한 일본과도 거래를 해요. 국교를 정상화하는 조건으로, 일본으로부터 차관을 비롯해 경제 개발에 필요한 자금을 받기로 하지요. 당시 우리 나라 국민들은 일본을 적으로 여겼고, 일본 역시 우리 나라를 강점한 것에 대한 정식 사과를 하지 않아서 일본과 국교가 끊긴 상태였어요. 그런데 박정희 정권이 일본으로부터 우리 민족이 겪은 고통과 피해에 대한 아무런 사과나 보상을 받지 않은 채, 경제 개발이라는 명분을 앞세워 일본과 국교 정상화를 추진한 거예요.

이에 학생들이 크게 반발하고 나섰어요. 서울대학교 문리대에서 한일 굴욕 외교 반대 학생 총연합회 이름으로 시위를 시작하고, 단식 투쟁을 통해 1964년 6월 3일 서울 시내 대학생들이 거리로 쏟아져 나왔어요. 그러자 박정희 정권은 계엄령을 선포하지요. 또다시 군인들이 국민들을 통제하는 불행한 일이 벌어지게 된 것이에요.

베트남 파병
1964년 의무 부대 파병을 시작으로 1973년까지 약 32만 명이 파병되었고, 5천여 명이 다치거나 죽었어요.

4호선 혜화역 2번 출구 근처 마로니에공원에 있어요.

대학로 서울대학교 유적 기념비
한일 회담 반대 시위를 가장 먼저 시작한 서울대학교 문리대가 있던 자리를 기념한 비석이에요. 예전 서울대 문리대의 모습을 알 수 있는 모형이 있어요.

 여기서
 잠깐!

생각을 밝혀라!

1965년 6월 22일에 맺어진 한일 협정에 대해 친구들이 이야기를 나누고 있어요. 친구들의 질문에 대한 여러분의 생각을 써 보세요.

: 한일 협정으로 우리 나라는 일본에게 돈을 받았잖아. 그런데 대학생들은 왜 반대 시위를 했을까? 우리한테 이익 아니야?

: 북한은 아직 일본하고 정식으로 협정을 맺지 않았대. 북한은 제대로 사과를 받고 싶은가 봐. 꼭 그렇게 해야할까? 돈이 없어서 돈을 더 받으려고 하는 게 아닐까?

나의 생각 :

_____

_____

일제 강점기, 청산되지 않은 과거

1965년에 체결된 한일 청구권 협정에는 "대한민국과 일본 사이와 그 국민들의 재산과 권리 및 이익에 대한 청구권은 해결됐다."고 규정되어 있어요.

일본 정부는 군대 위안부나 강제 징용 피해자들이 일본 회사나 정부를 상대로 손해 배상 소송을 제기하면, 이 조항을 들어 손해 배상을 할 의무가 없다고 주장하고 있어요. 또한 일본 재판부는 개인이 어떠한 피해를 입었을 경우, 해당 국가만이 상대국에 피해 배상을 요구할 수 있고 개인은 그러한 청구를 할 수 없다고 주장하고 있어요.

이렇듯이 한일 협정은 당시 박정희 정권이 눈앞의 이익에만 급급한 나머지 일본의 식민지 지배 사과, 약탈 문화재 반환 문제, 군대 위안부와 강제 징용자 및 원자폭탄 피해자에 대한 보상, 독도나 어업 문제 등을 해결하지 않아 두 나라 사이에 갈등의 씨앗이 되었어요. 더욱이 일본은 수상을 비롯해 여러 정치가들이 식민지 지배 시기의 역사를 왜곡시키는 망언을 일삼았어요. 그리고 일본이 식민지를 건설하는 데 앞장선 군인 유골이 있는 신사를 참배하는 것을 부끄럽게 생각하지 않지요. 그것은 당시 맺은 한일 협정이 역사적인 배경으로 자리하고 있기 때문일 거예요.

3호선 안국역 6번 출구 근처에 있어요.

수요집회
매주 수요일, 일본 대사관 앞에서는 일제 강점기에 군대 위안부로 끌려갔던 할머니들이 일본의 진정한 사과를 요구하며 시위를 해요. 매주 수요일마다 진행되고 있어서 '수요 집회'라고 불려요. 1992년 1월 처음 시작한 뒤로 지금까지 눈이 오나 비가 오나 벌써 750차례가 넘도록 꾸준히 진행하고 있지요.

3선 개헌과 계엄령

박정희 정권
1961년~1979년

박정희 정권은 대통령을 두 번까지만 할 수 있도록 되어 있는 헌법을 고쳐 세 번까지 대통령을 하려고 했어요. 이것을 '3선 개헌'이라고 해요. 그러고는 1969년 9월 14일 국회 본회의장이 아닌 국회 제3별관에서 새벽 2시 50분경, '3기에 한해 대통령을 다시 맡을 수 있다.'는 개헌안을 불법적으로 날치기 통과시키지요. 그리고 박정희는 집집마다 고무신을 돌려 국민들의 환심을 사고, 영남에서 지역 감정을 부추기는 흑색 선전을 펼치는 등 역사상 유례가 없는 부정선거를 펼친 끝에, 1971년 다시 대통령으로 선출됩니다.

하지만 판사 153명이 집단으로 사표를 내는 사법부 파동이 일어나고, 대학 교수들은 학원 자율화 선언을 하지요. 학생들은 교련 반대 시위를 벌이기도 하고요.

이즈음 세계는 미국과 소련의 냉전 체제가 무너지면서 미국과 중국의 외교 관계가 맺어지고, 베트남 전쟁이 끝나고, 주한 미군이 일부 철수했어요. 또한 남과 북은 분단 이후 처음으로 1972년 7월 4일, 평화적인 방법을 원칙으로 한 통일에 합의를 하고, 남북 공동

영남 지방
경상남북도.

지역 감정
일정한 지역에 살고 있거나 그 지역 출신의 사람들에게 갖는 좋지 않은 생각이나 편견.

흑색선전
없는 이야기를 만들어 내 상대편을 모략하는 술책.

학원 자율화 선언
학원에서는 감시와 통제 없이 학문과 진실을 자유롭게 탐구할 수 있도록 해야 한다는 선언.

교련
학생들에게 가르치는 군사 훈련.

김대중 납치 사건과 장준하 의문사

1973년 8월 8일, 일본에 있던 김대중이 납치되는 사건이 벌어졌어요. 김대중은 일본에서 반유신 운동을 하고 있었는데, 납치범들은 김대중에게 50킬로그램짜리 추 두 개를 달아 바다에 빠뜨리려 했으나 실패했지요. 그리고 장준하도 박정희의 독재를 반대하던 사람인데, 1975년 8월 7일, 포천에 있는 약사봉에 오르던 중 산에서 떨어져서 목숨을 잃었어요. 하지만 나무에 긁힌 상처도 없고 떨어진 장소가 등산로와 멀리 떨어져 있어서 아직까지도 사망한 원인이 의혹으로 남아 있답니다.

김대중

장준하

성명을 발표하게 됩니다. 이에 한반도 전체는 통일이 될 희망에 부풀어 있었지요.

석 달 후, 박정희 대통령은 "현행 헌법이 평화 통일과 남북 대화를 뒷받침할 수 없기 때문에 통일을 위해서!"라는 명분으로 전국에 비상 계엄령을 선포하고, 10월 유신을 선포했어요. 그러나 명분과 달리 10월 유신 헌법은 박정희 1인 독재 체제를 만들고, 죽을 때까지 대통령을 하려는 계산이었지요.

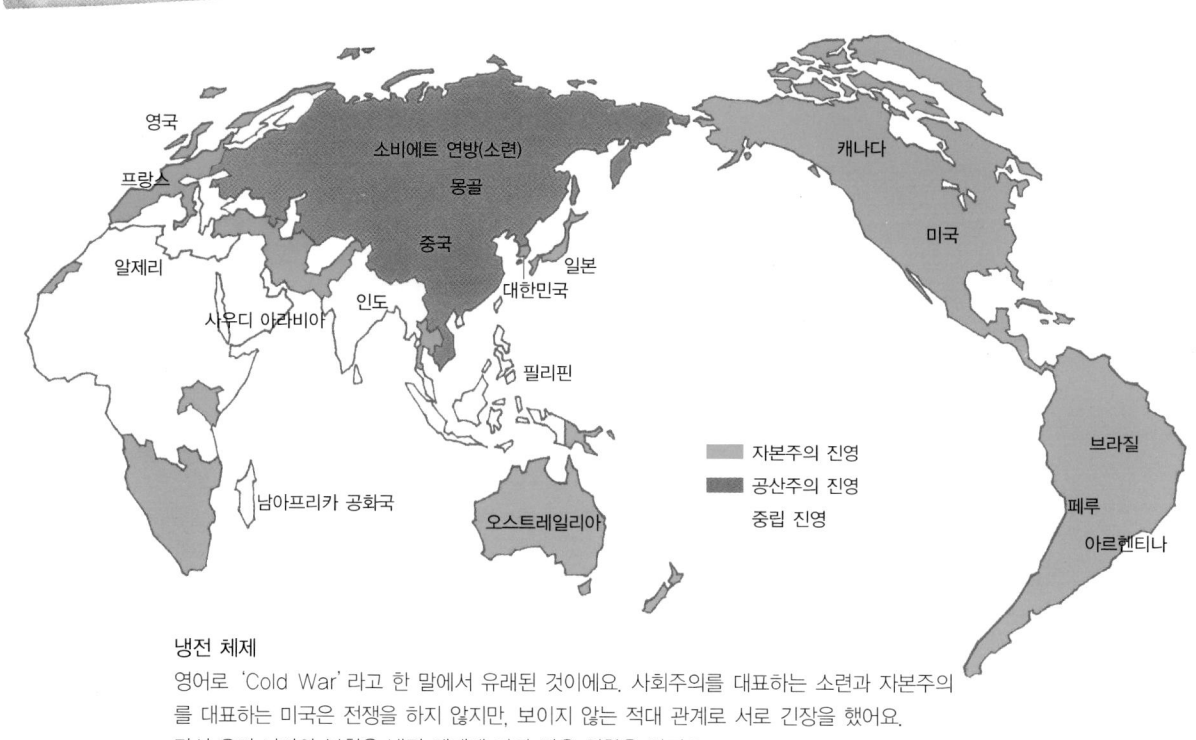

3·4호선 충무로역 4번 출구 남산 방면에 있어요.

서울 유스호스텔
지금 서울 유스호스텔이 있는 자리는 중앙 정보부가 있던 곳이에요. 중앙 정보부는 '정권 안보 유지'라는 막중한 임무와 함께 세상에서 하지 못할 일이 없는 막강한 권력을 갖고 있었지요.

10월 유신

유신 헌법에 나와 있는 중요한 내용을 먼저 살펴볼까요? 가장 눈에 띄는 것은 '대통령은 통일 주체 국민 회의에서 토론 없이 무기명 투표로 선거한다.'는 것이에요. 더 이상 국민이 대통령을 뽑지 않는다는 뜻이지요. 또 '대통령 임기를 6년으로 연장하고, 아무런 제한을 두지 않는다.'는 것은 죽지만 않는다면 평생 대통령이 될 수 있다는 거예요. 그리고 '대통령이 국회의원 3분의 2를 추천하고 통일 주체 국민 회의가 이를 승인한다.'는 부분은 대통령이 마음대로 국회를 주무를 수 있게 한 조항이에요. 유신 헌법이 박정희 한 사람만을 위한 법인지 알 수 있겠지요?

냉전 체제
영어로 'Cold War'라고 한 말에서 유래된 것이에요. 사회주의를 대표하는 소련과 자본주의를 대표하는 미국은 전쟁을 하지 않지만, 보이지 않는 적대 관계로 서로 긴장을 했어요.
당시 우리 나라와 북한은 냉전 체제에 가장 많은 영향을 받지요.

경제 성장의 빛과 그림자

박정희 정권
1961년~1979년

하루에 15시간 이상씩, 같은 일을, 같은 장소에서, 반복적으로 일하는 걸 상상해 본 적이 있나요? 사람이 어떻게 그렇게 일을 하냐고요? 하지만 불과 3,40년 전인 1960, 70년대 우리 나라는 이렇게 일하던 사람이 많았어요. 그런 사람들은 **만성** 질병이나 폐병에 걸린 경우도 많았지요. 병원비를 댈 만큼 월급을 받지 못했기 때문에 병원에 가는 것은 꿈도 꾸지 못했고요. 그럼 그 일을 그만두고 다른 일을 하면 되지 않느냐고요? 하지만 일터를 옮기는 일이 그리 쉬운 일이 아니랍니다. 다른 일

✎ **만성**
버릇이 되다시피 하여 쉽게 고쳐지지 아니하는 상태나 성질.

경제 성장과 평화 시장
1970년대 우리 나라는 기술과 돈이 없었기 때문에 별다른 기술이 필요 없는 가발, 신발, 옷 등을 생산하는 경공업에 치중했어요. 그러한 정책의 중심에는 평화 시장이 있었지요. 지금도 옛 평화 시장 일대에는 옷가게들이 많이 있어요.

열악
품질이나 능력, 시설 따위가 매우 떨어지고 나쁨.

임금
근로자가 노동의 대가로 받는 보수.

터도 조건이 비슷한 데다 다른 곳으로 일터를 옮기면 경력을 인정해 주지 않거나 더 힘들어질 수도 있기 때문이지요. 그래서 **열악**한 일터 상황을 알리고 항의해 봐도 받아들여지지 않았어요. 왜 그랬을까요?

박정희 정권은 경제 성장을 위해서 수출을 가장 중요하게 여겼어요. 수출을 많이 하려고 정부와 기업은 물건 값을 되도록 낮추었고요. 물건 값을 낮추다 보니 자연스레 노동자들의 **임금**이 낮아지고, 작업 환경을 현대식으로 갖추는 데는 소홀했지요. 경제 성장을 위해 노동자들을 희생시킨 셈이에요. 그러고는 노동 환경이 나아지도록 노동 운동을 하는 사람은 빨갱이로 몰아붙이거나 사회발전을 가로막는 세력으로 여겼어요.

또한 박정희 정권은 노동자들이 낮은 임금을 받으면서도 생계를 유지할 수 있도록 곡물 가격을 낮추었어요. 그러다 보니 농민들은 낮은 쌀 가격 때문에 일년 내내 힘들게 농사를 지어도 본전도 못 찾는 일이 많았어요. 이런 정책은 농민들이 농사일을 버리고 일거리를 찾아 서울로 올라오게 만드는 동기가 되었지요. 평생 농사일만 하던 사람들이 도시 서울에서 할 수 있는 일은 기술이 필요 없는 공장 노동자가 되는 일이었답니다. 이러한 현상은 노동자들의 열악한 근무 환경을 더욱 더 부채질했어요. 일거리를 찾는 사람은 많고, 일자리 수는 제한되어 있으니까 고약한 공장주들이 노동자들에게 싼 임금으로 많은 일을 시키기 일쑤였답니다.

> **달동네**
>
> 산업화가 진행됨에 따라 대도시로 올라오는 농촌 사람들이 많아졌어요. 대도시로 급격하게 인구가 늘어남에 따라 대도시는 주택이 부족해지고 교통난이 심각해졌어요. 또한 대도시 변두리나 높은 지대 곳곳에는 도시로 몰려든 빈민층이 모여 사는 집단 거주 지역이 생계기기도 했지요. 이 지역의 집들은 허가 없이 지어진 경우가 많아 생활 여건이 매우 좋지 않았어요. 이런 지역을 흔히 '달동네'라고 부르기도 했답니다.

전태일 이야기

여러분은 전태일이라는 이름을 들어본 적이 있나요? 잘 모르겠다고요? 청계천에 가면 전태일을 만날 수 있어요.

전태일은 1970년대 당시, 열악한 노동 환경 속에서 일하던 평화 시장 노동자예요. 가난한 집에서 태어나 가족의 생계를 책임져야 했지요. 학교도 그만두고 청계천 평화 시장에서 **말단**부터 시작한 전태일은 열악한 노동 현실에 조금이라도 나은 삶을 꿈꾸며 하루하루를 견뎠어요. 승진하게 되면 조금 나은 생활을 할 수 있을 거라는 희망을 갖고 말이에요. 결국 전태일은 재단사가 되었어요. 하지만 그렇게 높아 보이던 재단사 자리도 노동자에 불과하다는 사실을 깨달아요. 더 이상 이렇게 살 수 없다고 판단한 전태일은 불합리한 노동 현실과 이런 상황을 모르는 척하는 사회에 맞서 싸우기로 결심하지요.

✏️ **말단**
회사에서 제일 아랫자리에 해당하는 부분.

평화시장과 전태일 열사 동상
평화 시장 앞 청계천의 버들 다리 위에는 전태일 동상이 서 있어요.
전태일의 희생이 없었다면 노동자들의 삶은 조금도 달라지지 않았을지도 모릅니다.

1호선 종로 5가역 7번
출구로 나가요.

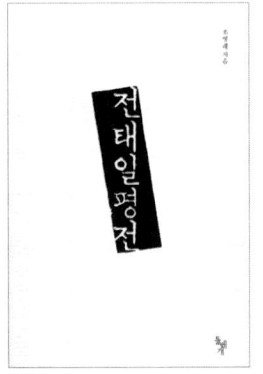

전태일 평전
고 조영래 변호사는 전태일
열사의 위대함을 세상에 알
리기 위해 혼신을 다해 《전
태일 평전》을 완성하고 출간
합니다.

전태일은 우선 비슷한 생각을 가지고 있던 재단사들을 모아서 '바보회'라는 조직을 만들고, 근로기준법 준수 등을 요구했어요. 하지만 정부도, 관공서도, 평화 시장 책임자도, 거리의 시민들도 그들의 주장을 받아 주지 않았어요. 오히려 너무도 무관심한 사람들의 태도를 보며 전태일은 죽음으로 항거하기로 하지요.

"근로 기준법을 준수하라!"

"우리는 기계가 아니다! 일요일은 쉬게 하라!"

"내 죽음을 헛되이하지 마라."

"어머니 대담해지세요. 내가 못다 이룬 일 어머니가 꼭 이루어 주세요."라는 마지막 유언을 남긴 전태일은 1970년 11월 13일, 휘발유를 끼얹은 자신의 몸에 성냥을 켜서 불길에 휩싸이게 되었답니다.

전태일의 죽음은 시민들에게 당시의 노동 현실을 알리는 계기가 되었고 노동 문제에 관심을 기울이지 않았던 학생들을 깨우치는 계기가 되었답니다.

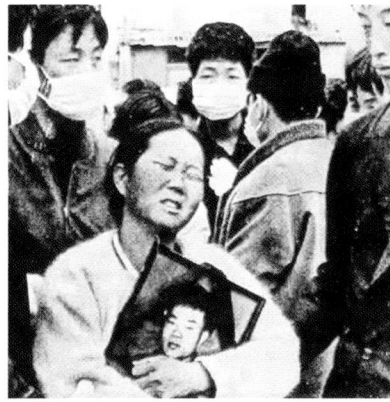

아들의 영정을 부둥켜안은 전태일 어머니, 이소선 여사예요. 여사는 전태일 열사의 뜻을 이어 노동자들의 참된 삶을 위해 사회 곳곳에서 많은 활동을 하고 있어요.

여기서 잠깐!

무엇이 써 있을까?

전태일 열사 주변에는 그를 기념하는 문구가 동판으로 새겨져 있어요. 무엇이 쓰여 있는지 찾아서 써 보도록 해요.

❶ _____

❷ _____

인혁당 사건과 유신의 최후

박정희 정권
1961년~1979년

서대문 형무소는 대한제국 말, 일본에 의해 지어진 곳이에요. 항일 독립 운동에 대한 일본의 대표적인 탄압 기관으로서 민족의 한이 서려 있는 역사의 현장이자 많은 독립 운동가들이 고초를 겪고 고문을 받던 곳이지요. 독립 이후에는 반독재를 외치던 민주 열사들이 고통스럽게 숨져간 곳이기도 해요.

✏️ 변란
사변이 일어나 세상이 어지러움.

서대문 형무소에서 민주 열사들이 목숨을 잃은 대표적인 사건 가운데 하나는 인혁당 사건이에요. '인혁당'이라는 이름이 세상에 알려진 것은 박정희가 대통령이 된 직후인 1964년이었어요. 정부가 "북괴의 지령을 받은 대규모 지하 조직이 국가 변란을 시도하였다. 이를 인민 혁명당이라 하는데, 일당 57명 중 41명을 구속하고 16명을 수배 중에 있다."고 발표해서 국민들을 놀라게 했지요. 당시는 서울대 학생들을 중심으로 대학생들이 한일 회담을 반대하고 있던 시기였거든요. 정부에서 '인혁당 사건'을 발표하자 한일 회담 반대 시위는 국민들의 호응을 잃게 되었어요.

그리고 10년 뒤인 유신 체

3호선 독립문역 5번 출구 바로 앞에 있어요.

국가 보안법

국가를 보호하기 위한 법의 하나예요. 국가의 중요한 비밀을 다른 나라 사람에게 말하거나, 국가를 위태롭게 할 수 있는 다른 나라 사람의 명령에 따라 행동하지 못하게 하기 위해 만든 법이에요. 하지만 실제로는 과거 독재 정권 시절에 대통령이나 정부를 비판할 경우에 이 법을 적용해서 죄 없는 사람들이 감옥에 갇히거나 목숨을 잃을 경우가 많았어요.

서대문 형무소 역사관
지금은 당시 건물을 활용해서 역사관으로 사용하고 있어요. 입장료는 어른 1500원, 어린이 500원이에요.

제 시절. 정부에 대한 학생들의 저항이 심해지고 있던 시기에 또다시 '인혁당 사건'이 터졌어요. 대학생들이 조직적으로 유신 체제 반대 시위를 하기 위해 '전국민주청년학생연맹(민청학련)'을 만들어 활동했는데, 인혁당이 이 조직에 영향을 주고 있다는 정부의 발표가 났지요. 국민들은 이미 인혁당은 북한의 **사주**를 받아 국가 변란을 시도한 조직으로 알고 있었기 때문에, 민청학련을 북한과 관련 있는 '간첩'이라고 생각하게 만들기는 쉬운 일이었지요. 이 사건으로 학생 23명이 국가 보안법 위반 등의 혐의로 구속되고, 이 중 8명에게는 사형, 15명에게는 무기징역이 선고되었어요. 바로 **상고**가 제기되었어요. 그런데 상고는 **기각**되고, 상고가 기각된 지 20여 시간 만에 사형이 집행되었지요. 바로 이곳 서대문 형무소에서 말이에요. 인혁당 사건에 의혹을 품는 까닭이 여기에 있어요. 상고가 기각되더라도 사형 집행을 그렇게 빨리 하는 경우는 없지요. 구속된 학생들이 국가 보안법을 위반했다는 어떤 증거도 없는 데다 조사 과정에서 고문 사실이 드러났거든요. 그 뒤 인혁당 사건은 민주화 운동을 탄압하기 위해 꾸며진 사건이라는 의혹이 제기되어 왔어요. 그리고 이 사건은 중앙 정보부가 꾸며냈다는 사실이 2002년에 밝혀졌어요.

궁정동의 총소리
당시 중앙정보부 국장이었던 김재규가 박정희 대통령에게 총을 겨누고 있는 장면을 재현하고 있어요.

유신의 최후

1979년 10월 26일, 궁정동에 있는 요릿집에서 두 발의 총소리가 울립니다. 김재규 중앙정보부장이 쏜 총이었어요. 총부리를 떠난 총은 박정희 대통령의 심장을 관통하지요. 이로써 박정희의 18년 독재는 끝이 나고, 김재규는 "야수의 마음으로 유신의 심장에 총을 쏘았다."는 말을 남기고 사형장의 이슬로 사라졌답니다.

살아서는 올 수 없는 조국

우리 나라의 세계적인 음악가가 나라를 배신했다면 여러분은 어떤 생각이 들까요? 게다가 혼자가 아니라 다른 유명한 예술가와 함께 벌인 일이라면 충격이 크겠지요? 그런데 더 충격적인 사실은 당시 정부가 이 사건을 거짓으로 꾸몄다는 거예요.

1967년은 박정희가 제6대 대통령 선거에서 두 번째 당선되었던 시기였고, 제7대 국회의원 선거를 치를 때였어요. 학생들은 부정 선거가 있었다고 시위를 하고 있었고, 박정희에게는 어떤 국회의원들이 뽑히느냐에 따라 대통령을 더 할 수 있느냐, 없느냐를 판가름하는 중요한 시기였지요.

이런 상황에서 정부가 꾸민 간첩 사건이 '동백림 사건' 이에요. '동백림' 이란 '동베를린' 이란 곳을 우리 나라 식으로 부른 이름인데, 당시 동베를린은 사회주의 지역으로 북한 사람과 자연스럽게 만날 수 있는 곳이었어요. 정부는 이 점을 이용해서 당시 그 지역에서 활동하던 '음악가 윤이상과 미술가 이응노 화백이 북한 사람들과 접촉을 했고, 북한의 명령을 받아 곧 우리 나라를 해칠 계획을 세우고 있다.' 며 간첩으로 몰아 무기징역을 선고했던 것이에요.

이 사건으로 윤이상과 이응노 화백은 살아서 조국의 땅을 밟지 못하고 외국에서 한 많은 세월을 보내야 했어요. 지금은 진실이 밝혀졌지만 그 고생은 이루 말할 수 없었지요. 두 예술가가 잃어버린 긴 세월과 고통의 눈물을 누가 보상할 수 있을까요?

누명을 쓴 것도 억울한데, 고국에 돌아오지 못한 마음이 어땠을까?

그 슬픔과 눈물이 승화된 두 분의 작품을 한번 찾아보자!

눈앞으로

다가온

민주주의

박정희가 김재규의 총에 맞고 세상을 떠난 뒤 정권을 잡은 사람은 전두환이었어요. 전두환은 박정희와 마찬가지로 자신이 이끌던 군인을 일으켜 대통령이 되었지요. 그리고 자신의 부하인 노태우에게 대통령 자리를 물려주려 했어요.

　오랜 독재와 군사 정권 아래에서 민주와 자유를 간절히 바라던 국민들은 더 이상 참지 못하고 국민의 힘으로 대통령을 뽑을 수 있는 권리를 되찾고자 싸우게 됩니다.

　자, 그러면 우리 국민들의 뜨거운 열정과 희생 속에 피워낸 민주화의 발자취를 따라가기로 해요.

5 · 18 광주 민주화 운동

민주화 운동의 성지, 명동성당

서울의 봄과 12·12 군사 정변

마침내 박정희의 독재 정권도 막을 내리고 겨울잠에 빠졌던 민주주의가 꽃피울 준비를 했어요. 이른바 '서울의 봄'이 된 거예요. 국민들은 이제 좋은 세상이 올 것을 기대했지요. 하지만 박정희의 사망 사건을 조사하던 군대 보안 사령관 전두환이 전국에 비상 계엄을 선포합니다. 이를 12·12 군사 정변이라고 하는데, 전두환이 우리 역사에 처음 등장한 사건이지요.

12·12 군사 정변의 주인공 전두환
5·16 군사 정변 지지 시위를 벌여 박정희의 신임을 얻었던 전두환은 박정희와 비슷한 방법으로 권력을 차지하고, 결국 박정희가 만들어 놓은 법에 의해 대통령이 되어 독재의 길을 걷습니다.

🖉 **해제**
설치하였거나 장비한 것 따위를 풀어 없앰.

🖉 **사전 검열**
권위주의 정치 체제에서 언론 매체의 내용을 사전에 검토해서 그에 상응하는 통제를 가하는 제도.

학생과 시민들은 되찾은 봄을 누리기도 전에 다시 군인이 정권을 잡도록 둘 수 없다는 마음이 모아졌어요. 1980년 5월 14일부터 전국 대학생들이 서울역에 모이기 시작했어요. 다음 날인 5월 15일, 시위는 절정에 이르러 서울역 앞에는 10만여 명의 학생과 시민이 모여 계엄 해제와 조기 개헌을 요구했어요. 그리고는 각 대학 총학생 회장단은 자신들의 뜻을 알렸으므로 시위를 중단하기로 결의하지요. 하지만 이미 군대가 이동하고 있었어요. 또한 각종 비리와 시위 조종 혐의로 정치인들을 구속하고, 계엄을 전국적으로 확대한다는 뉴스가 발표되었어요. 이와 함께 정치 활동 정지, 언론·출판·방송 등에 대한 사전 검열, 각 대학 휴교령을 발표합니다. 그리고 전국적으로 군대를 보내 시민들을 통제하지요.

이에 전라도 광주에 있는 전남대학교 학생들이 크게 저항하자 군인들이 학생들을 무차별적으로 폭행하지요. 이것을 본 시민들이 들고일어난 사건이 바로 5·18 광주 민주화 운동이에요.

서울역 시위는 5·18 광주 민주화 운동이 일어난 계기가 되었고,

동시에 전두환 정권의 본
모습을 국민들에게 알려
준 대표적인 사건이라고
할 수 있답니다.

1·4호선 서울역 1번 출구
로 나가면 바로 보여요.

서울역 앞 광장
서울역은 우리 나라의 수도인 서울을 대표하는 장소입니다. 길이 사방으로 뚫려 있어서
사람들이 많이 모일 수 있는 장소이지요. 전두환 정권의 퇴진 시위는 바로 이 곳에서
시작되었어요.

서울역 시위
1980년 5월 15일, 학생과 시민 10만여 명은 서울역 앞 광장에
모여 비상 계엄 해제와 조기 개헌을 요구하며 시위를 벌였어요.

독재에 맞선 광주 민주화 운동

전두환이 비상 계엄령을 선포하고 전국 대학교 휴교령을 내린 상황에도 광주에 있는 대학들이 시위를 벌이자 계엄군들은 잔혹하게 학생들을 향해 폭력을 휘둘렀어요. 이에 분노한 시민들이 거리로 쏟아져 나오면서 시위는 더욱 커졌답니다. 심지어는 버스와 택시 운전기사들이 버스와 택시를 이끌고 시위대를 보호하기까지 했어요.

"탕 탕 탕."

하지만 계엄 군인들은 총을 쏘기 시작했어요. 국민을 지키고 국가를 지켜야 할 군인들이 민주화를 요구하는 선량한 시민들에게 총을 겨누기 시작한 거예요. 광주 시민들은 이에 맞서 가까운 경찰서나 파출소에 보관되어 있던 소총으로 무장하고, 시민군을 조직해서 광주 시내에서 계엄 군인들을 몰아 내려 했어요. 그러나 병력이 보태진 계엄군은 광주 둘레를 철저히 막아 누구도 광주에서 나가거나 광주로 들어가지 못하도록 했어요. 결국, 계엄 군인들이 무력으로 시민군을 진압해 5·18 민주화 운동은 시위가 일어난 지 열흘 만에 막을 내리지요.

시민군
계엄군에 저항하여 시민들 스스로 무장한 조직을 시민군이라고 해요. 당시 언론과 정부는 진실을 감추기 위해 그들을 폭도라고 표현했어요. 하지만 그들이 활동하던 기간 동안 광주는 단 한 건의 강도와 폭행 사건이 없을 정도로 경찰이 치안을 담당하던 시기보다 공공 질서가 잘 지켜졌어요.

5·18 민주화 운동은 이전 민주화 운동을 계승하면서도 시민이 하나가 되어 군부 독재에 저항했다는 점에서 한층 높은 시민 의식을 보여 주고 있답니다. 하지만 아직도 시민을 향해서 총을 쏘라고 지시한 사람이 누구인지 밝혀지지 않았어요. 또한 계엄을 지시한 전두환과 노태우가 대통령까지 지내고 지금까지 버젓이 살고 있으며, 그들과 관련된 정치가들이

아직도 왕성한 활동을 하고 있는 것을 보면 우리 나라의 민주화 운동은 아직도 끝나지 않았다고 할 수 있지요.

정말 많은 사람들이 모여들었구나 이곳에 간다면 그때를 한번쯤 떠올려 보자.

전남도청 광장
전두환의 비상계엄 선포에 5월 17일 광주 시민은 전남도청 광장에 모여 총 궐기 대회를 열었어요.

이렇게 여러 사람이 희생한 덕분에 오늘날 우리가 민주사회에서 살 수 있는 거지. 한번쯤 5월이 되면 민주화의 의미에 대해 되새겨보자.

5·18 묘지
5·18 묘지에는 5·18 광주 민주화 운동 당시 계엄군에 의해 희생되었던 많은 분들이 잠들어 있어요. 민주화 운동의 상징과도 같은 곳이지요.

6월에 핀 민주주의의 꽃

1980년 5월 광주 민주항쟁을 누르고 대통령이 된 전두환은 언론, 출판, 집회, 결사의 자유를 막고, 어떠한 정치적 비판도 하지 못하도록 독재정치를 했어요. 그러면서도 비리를 일삼아 주변의 측근에게 온갖 특혜를 주며, 자신의 이익만을 챙겼지요. 그러다 정권을 이양해 줄 시점에 다다른 1987년 4월 13일, 대통령 전두환은 특별 담화문을 발표했어요.

"현행 헌법으로 대통령을 선출해 정부를 이양하겠습니다."

이 발표를 들은 국민들은 분노했어요. 현재 헌법대로 한다는 것은 박정희처럼 체육관에서 자신을 따르는 몇 명만 모아 놓고 대통령을 뽑겠다는 것이거든요. 또한 자기 마음에 드는 사람을 다음 대통령으로 임명하겠다는 말이었어요. 당시 전두환이 다음 대통령으로 점찍어 둔 사람은 자신과 함께 12·12 군사 정변을 일으킨 노태우였는데, 국민들이 싫어할 것을 알고 직선제를 거부했던 거예요.

📝 **담화문**
공적인 자리에 있는 사람이 어떤 문제에 대한 견해나 태도를 밝히기 위하여 공식적으로 발표하는 글.

📝 **이양**
남에게 넘겨 줌.

2호선 신촌역 8번 출구에서 걸어서 5분 거리예요.

이한열 기념관
이한열 열사는 1987년 연세대학교 학생이었는데 대통령을 국민들이 직접 선출해야 한다며 시위를 하다가 경찰들이 쏜 최루탄에 맞아 목숨을 잃었어요. 이 사건은 국민들이 한데 뭉치는 계기가 되었고, 6·10항쟁으로 이어집니다. 이한열 기념관은 이것을 기념하기 위해서 세웠답니다. 홈페이지 http://www.19870609.com에서 관람 내용을 확인하세요.

이한열 열사
최루탄에 맞고 쓰러지는 이한열 열사의 모습을 화가 이명복 선생님께서 그린 작품이에요. 이한열 기념관에 소장되어 있어요.

이에 전국 대학의 교수 151명, 전·현직 국회의원, **문인**, 신부, 목사, 변호사 등 각계 각층에서 이 조치에 반대하는 성명서를 발표했고, 전국 곳곳에서는 기도회와 단식 투쟁이 잇달았어요. 대학생들 역시 협동 단결하여 시위를 벌이기로 계획하지요.

이 과정에서 충격적인 소식이 전해져요. 시위하다 잡힌 서울대학교 학생 박종철이 고문을 받아 숨졌다는 것이에요.

"책상을 '탁' 하고 치자, '억' 하고 죽었다."

당시 경찰이 박종철이 죽은 까닭을 설명한 말이에요. 그 말을 믿을 사람은 아무도 없었지요. 시체를 **부검**한 결과, 심한 고문으로 숨졌다는 사실이 밝혀졌어요.

박종철 사건 등이 이어지면서 국민들의 시위는 더욱 격렬해지고, 이 과정에서 또 한 젊은이가 목숨을 잃지요. 6월 9일, 연세대학교 학생 이한열이 경찰이 쏜 최루탄을 얼굴에 맞아 사망한 거예요. 이 사건으로 학생들은 한데 똘똘 뭉쳐 "호헌 철폐, 독재 타도!"를 외치며 시위를 벌입니다.

다음 날인 6월 10일. 전두환 및 그 지지자들은 예정대로 잠실 체

1호선 남영역 1번 출구
4호선 숙대입구역 7번 출구 청소년미디어센터 바로 뒤에 있어요.

경찰청 인권보호센터

경찰청 인권보호센터
남영동 대공분실은 독재 정권 시기에 국가나 대통령에 대한 비판을 하는 사람들을 잡아 고문을 했던 곳이에요. 지금은 경찰청 인권 보호 센터로 바뀌어서 인권에 대해 돌이켜 생각해 볼 수 있는 공간으로 자리잡았어요.
02)749-2173으로 미리 예약하고 방문하세요.

🖉 **문인**
시나 소설, 수필 등을 쓰는 작가.

🖉 **부검**
죽은 까닭을 밝히기 위해서 시체를 검진함.

여기서 **잠깐!**

왜 시위를 할까요?
명동 성당, 서울역, 시청 앞 광장 등에서는 요즘에도 주말이면 각종 시위가 벌어지고 있답니다. 민주화 현장을 답사하다가 만난 그분들이 무엇 때문에 시위를 하는지 까닭을 알아봅시다. 그리고 사진을 같이 찍거나 주장하는 내용을 써 보고 여러분이 느낀 점을 적어 보도록 해요.

_____

_____

명동 성당

1987년, '대통령은 국민들이 직접 선출해야 한다.'는 뜻을 세우고 시위를 벌였던 역사적인 곳이에요. 천주교의 전당이기 때문에 진압에 나선 경찰도 함부로 진압하지 못했지요.

4호선 명동역 4번 출구에서 10분 정도 걸어가면 돼요.

육관에서 대통령 후보로 노태우를 지명함으로써 국민들의 요구를 묵살해 버려요. 이에 국민 운동 본부는 박종철 고문 살인, 은폐 조작 규탄 및 민주 헌법 쟁취를 위한 범국민 대회를 열지요. 이 날부터 15일까지 서울 명동 성당에서 농성을 하고, 신부와 천주교 신자들이 가담해 시위를 더욱 확산시키는 역할을 해요.

6월 18일에는 서울 시청 앞에서 최루탄 추방 대회가 열리기도 했어요. 가게 아주머니는 시위대에게 우유를 건네 주고, 도심을 지나가던 승용차나 택시, 버스들도 경적을 울리며 이들과 뜻을 같이했어요.

시위는 전국적으로 100만 명을 넘어서, 시위대에 의해 경찰이 힘을 쓰지 못하거나 오히려 물러서는 경우까지 발생했어요. 전두환과 신군부 세력은 더 이상 4·13 호헌 조치를 고집할 수만은 없었지요.

드디어 6월 29일. 전두환과 신군부 세력은 대통령을 국민들이 직접 뽑도록 헌법을 고치겠다고 발표합니다. 이로써 국민들이 또 한 번의 승리를 거두게 되었고, 국민들이 직접 대통령을 뽑을 수 있게 되었답니다. 국민들이 4년마다 대통령을 뽑는 선거권이 얼마나 값진 대가를 치르고 얻게 된 권리인지 알 수 있겠지요?

6·29 선언과 노태우

6·29 선언은 국민이 대통령을 직접 뽑도록 하는 선거를 치르겠다는 약속이에요. 1987년 4월 8일 전두환의 특별 담화문에 대한 사회 각계 각층과 국민들의 저항에 결국 전두환 정권이 손을 든 셈이지요. 이로써 기나긴 독재가 끝나고 민주화 운동이 성공을 거두게 됩니다. 덕분에 국민 손으로 대통령을 뽑을 수 있게 되었지요. 뿐만아니라 민주화 운동을 하다가 감옥에 갇힌 사람들을 석방하고 국민의 권리를 침해하는 정치가 발을 들을 수 없게 되었어요. 6월 민주화항쟁은 국민들의 희생과 염원이 얻어낸 값진 결실이었어요.

盧대표, 直選制 改憲 선언

朝鮮日報

金大中씨등 赦免·복권

새憲法으로 大統領선거 88년2월 政府이양
時局事犯석방, 대통령選擧法·言基法도廢

独自 구상 일방선언

노 대통령령에 모든 조치 의의 受諾 안되면 후보·代表사퇴 지발意思로 구성

號外
1987년 6월29일

인권? 인권!

경찰청 인권 보호 센터에 가 본 적이 있나요? 이 곳은 본래 과거 독재 정권 시절, 정권을 유지하는 데 앞장 섰던 남영동 대공분실 자리예요. 얼마 후에는 이곳에 박종철 기념관도 만들어진다고 해요.

그런데 인권이 뭐냐고요?

인권이란 사람이라면 누구나 존중받을 권리를 말해요. 하지만 우리들은 알게 모르게 차별을 당하기도 하고, 다른 사람을 차별하기도 하지요. 잘 이해가 되지 않는다고요? 그럼, 우리 주위를 한번 둘러볼까요?

세상은 나 또는 내 식구들만 사는 곳이 아니지요. 조금만 관심을 갖고 둘러보면 우리 주변에는 나와 다른 여러 이웃들이 있어요. 예를 들어볼까요?

장애인들은 사회 생활을 하는 데 큰 어려움을 겪고 있어요. 비장애인들이 다니기에는 아무런 불편이 없지만 장애인에게 집 밖은 온통 위험한 것들투성이지요. 그뿐인가요? 장애인이라는 이유로 다니고 싶은 학교도 가지 못하고, 취직이 잘 되지 않는 경우도 많아요. 우리 나라에서 일을 하고 있는 외국인 노동자에 대한 차별도 있어요. 외국인 노동자를 같은 사람으로 대하기보다는 마치 범죄자를 대하듯 멀리 했던 경험이 있을 거예요.

단지 장애인이라는 이유로, 여성이라는 이유로, 외국인 노동자라는 이유로, 우리들이 당연히 누리는 기본적인 권리조차 누리지 못하는 경우가 많아요.

몰랐던 이야기들이었다고요? 그럼, 이제부터는 나만 생각할 게 아니라 다른 사람의 인권에 대해서도 관심을 가져보기로 해요. 그러면 모두가 행복한 세상을 만들 수 있을 거예요.

진짜 민주주의란 모든 사람에게 권리를 인정해 주는 차별 없는 세상이에요. 외국인 노동자는 바로 우리의 이웃입니다.

민주주의의 성장, 시민 단체

1980년대 후반, 민주화의 물결 속에서 정치에 대한 국민들의 관심이 커졌어요. 그 관심은 정치에 영향을 주기 위한 활동으로 이어지지요. 이러한 움직임을 시민 운동이라고 하는데 사회 개혁, **복지**, 환경, 여성이나 청소년, 교육과 문화, 사회 등 다양한 분야에 걸쳐 여러 시민 단체들이 만들어졌답니다. 시민 단체들은 특정한 일이 있을 때에는 서로 힘을 합쳐 활동을 벌이기도 하지요.

시민 운동 중 가장 활발한 활동을 하는 분야는 환경과 사회적 약자와 **소수자**에 대한 운동이에요.

여러분도 우리 나라 공기가 점점 나빠지고 있다는 것은 알고 있지요? 그래서 우리 나라 환경 운동은 공해 문제에 대한 연

✏️ **복지**
행복한 삶.

✏️ **소수자**
적은 수의 사람.

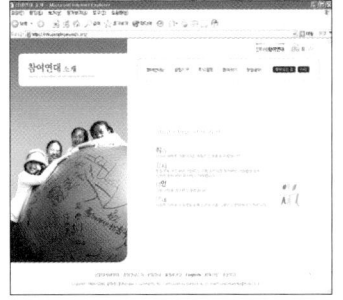

참여연대
우리 사회에 영향력을 미치는 시민단체 가운데 하나예요. 서울시 종로구 안국동에 자리하고 있지요. 홈페이지를 통해 여러 활동에 참여할 수 있어요.
(www. peoplepower21.org)

구와 추방 운동에서 시작되었어요. 그리고 지금은 환경 파괴 행위에 대한 감시와 저지 등 다양한 활동을 펼치고 있답니다. 대표적인 일이 안면도 핵 폐기장 건립 반대 운동과 새만금 간척 사업 반대 등이 있어요. 대표적인 환경 단체는 환경운동연합이라는 곳이에요.

사회적 약자와 소수자를 위한 운동도 활발하게 펼치고 있어요. 대표적인 단체가 '참여연대' 이지요. 이 단체는 국가의 부정부패나 도덕성을 잃어버린 기업 활동에 대한 감시 역할을 한답니다. 2000년에는 제16대 국회의원 선거에서 국회의원이 되지 말아야 할 사람들에 대한 반대 운동을 하기도 해서 큰 호응을 얻었어요.

5호선 여의도역 3번 출구 근처 HP빌딩 앞에서 셔틀버스를 이용해요. (9:00~16:00 국회의사당 셔틀버스 20분 간격 운행)

국회의사당
우리 나라 정치 일번지로, 민주정치가 이루어져야 할 중심지예요. 홈페이지 (www. assembly.go.kr)에서 관람을 신청할 수 있답니다.

시민 단체를 찾아라

1. 환경 단체에서 구체적으로 무슨 일을 하는지 궁금하다고요?
   그럼, 우리 모두 환경운동 연합회(http://www.kfem.or.kr)에 가서 알아보도록 해요.

2. 참여연대는 무슨 일을 할까요? 여러분도 참여연대 홈페이지
   (http://www.peoplepower21.org)에 방문해서 무슨 일을 하는지 알아보도록 해요.

3. 내가 관심을 가진 단체가 있으면 어떤 단체인지, 무슨 일을 하는지 써 보세요.

민주주의는 우리가
반드시 누려야 할 권리예요!

자, 지금까지 민주화 현장을 같이 체험했어요.

그럼, 이제 우리 차분히 앉아서 상상해 볼까요? 같은 반에 힘이 센 친구가 아무 이유 없이 반 친구들을 괴롭혀요. 그런데 어느 날부터 반 친구 몇몇이 이 힘센 친구 부하 노릇을 해요. 그러자 반 친구들은 더욱 힘들어졌고, 그 아이가 시키는 대로만 해야 한다면 어떨까요?

만약 반 친구 가운데 한 명이 나서서 그것은 옳은 행위가 아니라며 힘센 친구들을 말린다면 여러분은 어떻게 할 건가요? 혹시 힘센 친구들이 해코지할 것이 겁나서 숨죽이고 가만히 있지는 않겠지요? 앞서 나선 친구를 도와 힘센 친구들이 아무 잘못이 없는 반 친구들을 괴롭히지 못하도록 만드는 건 어떨까요?

민주화 운동이란 바로 그런 것이에요. 나라에 힘이 있는 사람들이 자신들만의 이익을 위해 정치하는 것을 반대하고, 옳은 것을 위해 노력하는 모든 행위를 민주화 운동이라고 할 수 있어요.

그리고 우리 나라가 일본으로부터 독립한 후, 옳은 것을 위해 노력하는 사람이 없었다면, 만약 민주화를 위해 노력하는 사람이 없었다면, 나라

는 여전히 혼란스럽고 위태로워지고 국민들은 고통을 받고 있을 거예요.

우리 사회는 예전에 비해 민주주의가 훨씬 빨리 뿌리내렸어요. 하지만 아직도 사회 곳곳에서 비민주적인 일들이 벌어지고 있어요. 공기가 없는 세상에서는 하루도 살기가 어렵듯이 민주화는 인간다운 삶을 위해 꼭 필요한 것이에요. 공기의 소중함을 알고 환경을 보호하듯이 민주화의 소중함을 알고 민주주의를 더욱 발전시키기 위해 노력해야 하는 것은 바로 여러분의 몫이랍니다.

나는 민주화 현장 박사!

우리가 누리고 있는 자유와 권리가 귀중한 생명과 뜨거운 열정으로 이루어진 민주화 운동의 결과라는
사실을 이젠 알게 되었지요? 그럼 민주화 현장에서 직접 보고, 책을 통해 읽은 내용을 바탕으로
아래 문제들을 풀어 보세요.

❶ 순서대로 늘어놓아 보세요.

우리 나라 역대 대통령을 바른 순서대로 늘어놓아 보세요.

① 박정희   ② 노태우   ③ 전두환   ④ 이승만

(　　　→　　　→　　　→　　　)

❷ 맞는 것끼리 연결해 보세요.

각 정권마다 민주화 운동에서 요구했던 구호와 그에 해당하는 시기의 대통령, 그리고 관련된 현장을
연결해 보세요.

독재 정권 물러나라!
부정선거 규탄한다.
빼앗긴 국민이 권리 되찾자!

굴욕적인 한일 회담 반대한다!

유신 정권 물러나라.

근로기준법을 준수하라!
우리는 기계가 아니다.
사람이다.

호헌 철폐, 독재 타도!

박정희

이승만

전두환

청계천 평화 시장
(전태일 열사 동상)

4·19 국립 묘지

이한열 열사 기념관

서대문 형무소

전 서울대 문리대 터

❸ 십자말풀이를 해 보세요.

	1	2		3	3
2 1					
4 4			5		
			5		

〈가로 열쇠〉

1. 1987년 호헌을 철폐하고, 직선제를 요구하며 연세대학교에서 시위를 하다 경찰이 쏜 최루탄에 맞아 사망한 열사의 이름이에요.

2. 근로기준법 준수를 외치며 분신한 평화 시장 재단사. 그의 분신은 노동 문제를 세상에 널리 알리는 계기가 되었어요.

3. 4·19 □□. 정치나 사회 전반에 생긴 급작스런 변화를 의미해요.

4. 남영동 대공분실에서 고문에 의해 죽임을 당한, 당시 서울대학교 3학년 학생이에요.

5. 공공질서를 유지할 목적으로 선포하는 것으로, 이것이 선포된 동안에는 헌법의 효력이 일시 중지되고 대통령의 명령으로 사회가 움직일 수 있으며 군인들이 치안을 담당하게 됩니다.

〈세로 열쇠〉

1. 우리 나라 역대 대통령 가운데 한 명으로 12·12 군사 정변을 일으킨 장본인이며, 국민들의 직선제 요구를 거부했어요.

2. "굴욕적인 □□□□ 반대한다". 박정희 대통령 시절 경제를 발전시키기 위해 일본과 관계를 회복하기 위한 것이에요.

3. '민주화의 성지'라 할 수 있는 곳으로, 시위를 진압해야 하는 경찰들도 이곳으로 들어가기 어려워합니다. 명동에 있는 것으로 천주교 신자들이 찾아가는 곳이기도 해요.

4. 한국식 민주주의를 외쳤던 우리 나라 역대 대통령 가운데 한 명으로 유신 체제를 만들었던 사람이에요.

5. 평화 시장이 있던 곳으로 얼마 전에 복구 사업이 진행되어 지금은 서울 시민들이 산책을 하기 위해 자주 찾는 장소가 되었어요.

☞ 정답은 56쪽에

민주주의를 그림으로 그려요.

민주화 현장을 잘 둘러보았나요? 무엇이 가장 인상 깊었나요? 현장에서 보고 들었던 아픈 현대사에 관한 이야기도 많았지만, 국민의 승리를 이뤄낸 사건과 관련된 이야기들도 있었지요. 그 이야기들을 떠올려 보세요. 그리고 민주주의에 대한 다양한 생각과 느낌을 표현해 보세요.

아래 작품들은 민주화운동기념사업회의 민주주의 현장 체험 행사에서 체험학습을 한 서울노원초등학교 6학년 1반 친구들의 그림입니다.(2007년)

민주주의란 추상적인 낱말이에요.

눈에 보이지도 않고, 손에 잡히지도 않는 것을 그림으로 그리는 일은 쉽지 않아요. 하지만 눈을 감고 오늘 여러분이 답사한 내용들을 잘 떠올려 보세요. 민주화 현장에서 보고 들었던 이야기들에 대한 다양한 생각이나 느낌이 있을 거예요. 그것을 표현해 보세요.

민주주의란 이것!

오늘은 민주화 현장이라는 주제로 체험학습을 했어요. 그런데 민주주의란 무엇일까요? 그래요, 바로 국민이 나라의 주인이 되는 정치 제도이지요. 그 느낌을 살려서 그림을 그려 보아요.

하고 싶은 이야기도 쓰세요.

그림을 그렸지만 다소 표현이 부족한 듯하다면, 민주주의에 대해 하고 싶은 이야기도 써 보세요. 어떻게 해야 민주주의를 이룰 수 있는지, 민주주의란 무엇인가에 대해서 글로 써도 좋아요.

민주주의를 이루기 위한 과정들을 그려 보세요.

오늘날 국민들이 자유와 권리를 지키며, 성숙한 시민의식을 가질 수 있게 되기까지 우리 현대사에는 아픈 일이 많았고, 민주 정치를 성장시키기 위한 숱한 노력이 있었지요. 어떤 아픔이 있었고 어떤 노력들이 숨어 있었을까요? 만약 잘 생각이 나지 않는다면, 민주 시민들이 승리했던 그 날을 표현해 보세요.

친구들과 함께 만들어요.

여러 사람이 등장하는 시위 장면처럼 손이 많이 가는 그림이라면, 친구들과 의논해 합동 작품을 만들어 보세요. 친구들과 함께 그리면 민주주의를 위해 시위했던 사람들의 모습을 훨씬 현실감 있게 그릴 수 있을 거예요.

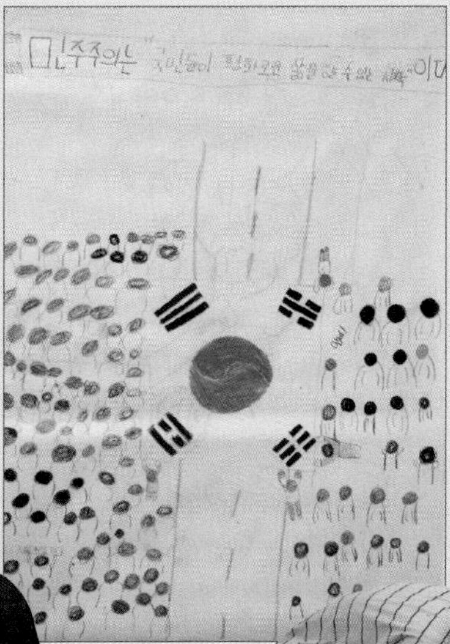

16쪽 ① 치유 ② 성의

18쪽 ① 마산의거 ② 대학생시위 ③ 4·19 혁명
　　　④ 이승만 대통령 사퇴

나는 민주화 현장 박사!

❶ 순서대로 늘어놓아 보세요.

우리 나라 역대 대통령을 바른 순서대로 늘어놓아 보세요.

① 박정희　　② 노태우　　③ 전두환　　④ 이승만

④ → ① → ③ → ②

❷ 맞는 것끼리 연결해 보세요.

각 정권마다 민주화 운동에서 요구했던 구호와 그에 해당하는 시기의 대통령, 그리고 관련된 현장을 연결해 보세요.

독재 정권 물러나라!
부정선거 규탄한다.
빼앗긴 국민의 권리 되찾자!

굴욕적인 한일 회담 반대한다!

유신 정권 물러나라.

근로기준법을 준수하라
우리는 기계가 아니다.
사람이다.

호헌 철폐, 독재 타도!

박정희

이승만

전두환

청계천 평화 시장
(전태일 열사 동상)

4·19 국립 묘지

이한열 열사 기념관

서대문 형무소

전 서울대 문리대 터

❸ 십자말풀이를 해 보세요.

	¹이	²한	열		³혁	³명
²전¹	태	일				동
두		회				성
환		담				당
⁴박⁴	종	철		⁵청		
정				⁵계	엄	령
희				천		

몇 개나 맞혔나요?
이런,
민주화현장에 다시 한 번
가봐야겠다고요?

사진

초등학교 교과서와 관련된 학년별 현장 체험학습 추천 장소

1학년 1학기 (21곳)	1학년 2학기 (18곳)	2학년 1학기 (21곳)	2학년 2학기 (25곳)	3학년 1학기 (31곳)	3학년 2학기 (37곳)
철도박물관	농촌 체험	소방서와 경찰서	소방서와 경찰서	경희대자연사박물관	IT월드(과천정보나라)
소방서와 경찰서	광릉	서울대공원 동물원	서울대공원 동물원	광릉수목원	강원도
시민안전체험관	홍릉 산림과학관	농촌 체험	강릉단오제	국립민속박물관	경희대자연사박물관
천마산	소방서와 경찰서	천마산	천마산	국립서울과학관	광릉수목원
서울대공원 동물원	월드컵공원	남산골 한옥마을	월드컵공원	국립중앙박물관	국립경주박물관
농촌 체험	시민안전체험관	한국민속촌	남산골 한옥마을	기상청	국립고궁박물관
코엑스 아쿠아리움	서울대공원 동물원	국립서울과학관	한국민속촌	서대문자연사박물관	국립국악박물관
선유도공원	우포늪	서울숲	농촌 체험	선유도공원	국립부여박물관
양재천	철새	갯벌	서울숲	시장 체험	국립서울과학관
한강	코엑스 아쿠아리움	양재천	양재천	신문박물관	남산
에버랜드	짚풀생활사박물관	동굴	선유도공원	경상북도	남산골 한옥마을
서울숲	국악박물관	고성 공룡박물관	불국사와 석굴암	양재천	롯데월드민속박물관
갯벌	천문대	코엑스 아쿠아리움	국립중앙박물관	경기도	국립민속박물관
고성 공룡박물관	자연생태박물관	옹기민속박물관	국립민속박물관	이화여대자연사박물관	삼성어린이박물관
서대문자연사박물관	세종문화회관	기상청	전쟁기념관	전쟁기념관	서대문자연사박물관
옹기민속박물관	예술의 전당	시장 체험	판소리	천마산	선유도공원
어린이 교통공원	어린이대공원	에버랜드	DMZ	한강	소방서와 경찰서
어린이 도서관	서울놀이마당	경복궁	시장 체험	화폐금융박물관	시민안전체험관
서울대공원		강릉단오제	광릉	호림박물관	경상북도
남산자연공원		몽촌역사관	홍릉 산림과학관	홍릉 산림과학관	월드컵공원
삼성어린이박물관		국립현대미술관	국립현충원	우포늪	육군사관학교
			국립4·19묘지	소나무 극장	해군사관학교
			지구촌민속박물관	예지원	공군사관학교
			우정박물관	자운서원	철도박물관
			한국통신박물관	서울타워	이화여대자연사박물관
				국립중앙과학관	제주도
				엑스포과학공원	천마산
				올림픽공원	천문대
				전라남도	태백석탄박물관
				경상남도	판소리박물관
				허준박물관	한국민속촌
					임진각
					오두산 통일전망대
					한국천문연구원
					종이미술박물관
					짚풀생활사박물관
					토탈야외미술관

4학년 1학기 (34곳)	4학년 2학기 (56곳)	5학년 1학기 (35곳)	5학년 2학기 (51곳)	6학년 1학기 (36곳)	6학년 2학기 (39곳)
강화도	IT월드(과천정보나라)	갯벌	IT월드(과천정보나라)	경기도박물관	IT월드(과천정보나라)
갯벌	강화도	광릉수목원	강원도	경복궁	KBS 방송국
경희대자연사박물관	경기도박물관	국립민속박물관	경기도박물관	덕수궁과 정동	경기도박물관
광릉수목원	경복궁 / 경상북도	국립중앙박물관	경복궁	경상북도	경복궁
국립서울과학관	경주역사유적지구	기상청	덕수궁과 정동	고성 공룡박물관	경희대자연사박물관
기상청	경희대자연사박물관	남산골 한옥마을	경상북도	국립민속박물관	광릉수목원
농촌 체험	고창, 화순, 강화 고인돌유적	농업박물관	경희대자연사박물관	국립서울과학관	국립민속박물관
서대문자연사박물관	전라북도	농촌 체험	고인쇄박물관	국립중앙박물관	국립중앙박물관
서대문형무소역사관	고성공룡박물관	서울국립과학관	충청도	농업박물관	국회의사당
서울역사박물관	충청도	서울대공원 동물원	광릉수목원	롯데월드민속박물관	기상청
소방서와 경찰서	국립경주박물관	서울숲	국립공주박물관	몽촌토성과 풍납토성	남산
수원화성	국립민속박물관	서울시청	국립경주박물관	민주화현장	남산골 한옥마을
시장 체험	국립부여박물관	서울역사박물관	국립고궁박물관	백범기념관	대법원
경상북도	국립서울과학관	시민안전체험관	국립민속박물관	서대문자연사박물관	대학로
양재천	국립중앙박물관	경상북도	국립서울과학관	서대문형무소 역사관	민주화현장
옹기민속박물관	국립국악박물관 / 남산	양재천	국립중앙박물관	서울역사박물관	백범기념관
월드컵공원	남산골 한옥마을	강원도	남산골 한옥마을	조선의 왕릉	아인스월드
철도박물관	농업박물관 / 대법원	월드컵공원	농업박물관	성균관	서대문자연사박물관
이화여대자연사박물관	대학로	유명산	롯데월드민속박물관	시민안전체험관	국립서울과학관
천마산	롯데월드민속박물관	제주도	충청도	경상북도	서울숲
천문대	몽촌토성과 풍납토성	짚풀생활사박물관	서대문자연사박물관	암사동 선사주거지	신문박물관
철새	불국사와 석굴암	천마산	성균관	운현궁과 인사동	양재천
홍릉 산림과학관	서대문자연사박물관	한강	세종대왕기념관	전쟁기념관	월드컵공원
화폐금융박물관	서울대공원 동물원	한국민속촌	수원화성	천문대	육군사관학교
선유도공원	서울숲	호림박물관	시민안전체험관	철새	이화여대자연사박물관
독립공원	서울역사박물관	홍릉 산림과학관	시장 체험 / 신문박물관	청계천	중남미박물관
탑골공원	조선의 왕릉	하회마을	경기도	짚풀생활사박물관	짚풀생활사박물관
신문박물관	세종대왕기념관	대법원	강원도	태백석탄박물관	창덕궁
서울시의회	수원화성	김치박물관	경상북도	해인사 고려대장경과 장경판전	천문대
선거관리위원회	승정원 일기 / 양재천	난지하수처리사업소	옹기민속박물관	호림박물관	우포늪
소양댐	옹기민속박물관	농촌, 어촌, 산촌 마을	운현궁과 인사동	유니세프 한국위원회	판소리박물관
서남하수처리사업소	월드컵공원	들꽃수목원	육군사관학교	무령왕릉	한강
중랑구재활용센터	육군사관학교	정보나라	이화여대자연사박물관	현충사	홍릉 산림과학관
중랑하수처리사업소	철도박물관	드림랜드	전라북도	덕포진교육박물관	화폐금융박물관
	이화여대자연사박물관	국립극장	전쟁박물관	서울대학교 의학박물관	훈민정음
	조선왕조실록 / 종묘		창경궁 / 천마산	상수허브랜드	상수도연구소
	종묘제례		천문대		한국자원공사
	창경궁 / 창덕궁		태백석탄박물관		동대문소방서
	천문대 / 청계천		한강		중앙119구조대
	태백석탄박물관		한국민속촌		
	판소리 / 한강		해인사 고려대장경과 장경판전		
	한국민속촌		화폐금융박물관		
	해인사 고려대장경과 장경판전		중남미문화원		
	호림박물관		첨성대		
	화폐금융박물관		절두산순교유적지		
	훈민정음		천도교 중앙대교장		
	온양민속박물관		한국에너지기술연구원		
	아인스월드		한국자수박물관		
			초전섬유퀼트박물관